日本深度游

PREMIUM

[日]TAC出版编辑部 编　詹雪 译

おとな旅プレミアム　仙台・松島・平泉

仙台·松岛·平泉

人民东方出版传媒
People's Oriental Publishing & Media
東方出版社
The Oriental Press

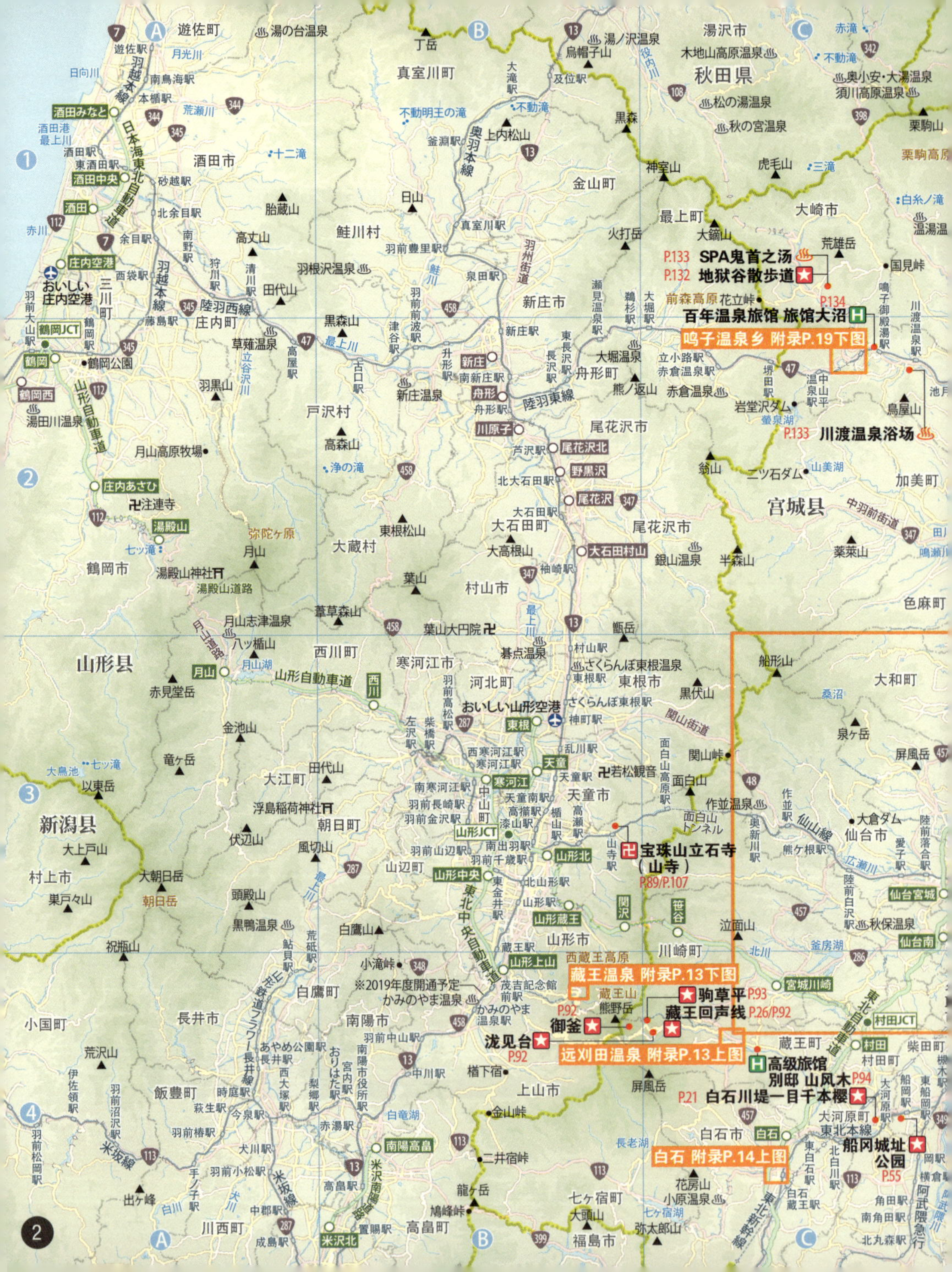

A
B
C
1
2
3
4
遊佐町
湯の台温泉
丁岳
湯ノ沢温泉
湯沢市
赤滝
遊佐駅
月光川
烏帽子山
木地山高原温泉
不動滝
日向川
羽越本線
南鳥海駅
真室川町
大滝駅
及位駅
役内川
秋田県
奥小安・大湯温泉
須川高原温泉
本楯駅
荒瀬川
不動明王の滝
不動滝
松の湯温泉
酒田みなと
酒田港
最上川
日本海東北自動車道
釜淵駅
奥羽本線
上内松山
黒森
秋の宮温泉
栗駒山
酒田駅
東酒田駅
十二滝
酒田市
神室山
虎毛山
三滝
栗駒高原
酒田中央
砂越駅
金山町
日山
白糸ノ滝
酒田
胎蔵山
大崎市
北余目駅
最上町
温湯温泉
赤川
南野駅
高丈山
鮭川村
真室川駅
火打岳
大鏑山
荒雄岳
余目駅
羽前豊里駅
羽州街道
P.133
SPA鬼首之汤
P.132
地狱谷散步道
国見峠
庄内空港
西袋駅
狩川駅
清川駅
羽根沢温泉
鮭川
泉田駅
瀬見温泉駅
鵜杉駅
大堀駅
前森高原
花立峠
P.134
鳴子御殿湯駅
川渡温泉駅
おいしい庄内空港
三川町
羽越本線
田代山
羽前前波駅
新庄市
百年温泉旅馆 旅馆大沼
羽前大山駅
鶴岡駅
藤島駅
陸羽西線
庄内町
黒森山
458
新庄駅
東長沢駅
鸣子温泉乡 附录P.19下图
鶴岡JCT
最上川
津谷駅
升形駅
新庄
長沢駅
大堀温泉
立小路駅
赤倉温泉駅
鶴岡
鶴岡公園
草薙温泉
立谷沢川
高屋駅
古口駅
南新庄駅
舟形町
熊ノ返山
赤倉温泉
堺田駅
中山平温泉駅
池月
鶴岡西
山形自動車道
羽黒山
新庄温泉
舟形
舟形駅
陸羽東線
岩堂沢ダム
鳥屋山
湯田川温泉
戸沢村
川原子
蛍泉湖
P.133
川渡温泉浴场
高森山
芦沢駅
尾花沢北
尾花沢市
月山高原牧場
浄の滝
野黒沢
翁山
二ツ石ダム
山美湖
加美町
庄内あさひ
北大石田駅
注連寺
尾花沢
宮城県
湯殿山
弥陀ヶ原
東根松山
大石田駅
大石田町
中羽前街道
七ッ滝
月山
大蔵村
大高根山
尾花沢市
大石田村山
銀山温泉
半森山
薬莱山
鶴岡市
湯殿山神社
湯殿山道路
葉山
袖崎駅
村山市
色麻町
月山志津温泉
葉草森山
月山道路
八ッ楯山
葉山大円院
甑岳
最上川
碁点温泉
村山駅
さくらんぼ東根温泉
西川町
船形山
山形県
月山
月山湖
寒河江市
東根駅
東根市
大和町
赤見堂岳
山形自動車道
西川
河北町
羽前高松駅
黒伏山
桑沼
おいしい山形空港
さくらんぼ東根駅
神町駅
関山街道
泉ヶ岳
左沢駅
柴橋駅
東根
金池山
287
西寒河江駅
寒河江駅
乱川駅
関山峠
大鳥池
七ッ滝
竜ヶ岳
屏風岳
以東岳
田代山
大江町
寒河江
天童
若松観音
天童駅
面白山高原駅
面白山
南寒河江駅
天童南駅
天童市
作並温泉
新潟県
浮島稲荷神社
羽前長崎駅
高擶駅
作並駅
大倉ダム
羽前金沢駅
漆山駅
朝日町
面白山トンネル
奥新川駅
仙山線
仙台市
大上戸山
伏辺山
山形JCT
楯山駅
高瀬駅
陸前落合駅
大朝日岳
風切山
南出羽駅
羽前山辺駅
山寺駅
宝珠山立石寺（山寺）
熊ヶ根駅
愛子駅
村上市
朝日岳
羽前千歳駅
山形北
P.89/P.107
広瀬川
山辺町
北山形駅
巣戸々山
山形中央
東北中央自動車道
東金井駅
陸前白沢駅
頭殿山
山形駅
関沢
笹谷
仙台宮城
黒鴨温泉
山形蔵王
山形市
泣面山
秋保温泉
祝瓶山
荒砥駅
鮎貝駅
白鷹山
川崎町
釜房湖
仙台南
蔵王駅
北川
山形上山
西蔵王高原
小滝峠
※2019年度開通予定
かみのやま温泉
蔵王温泉 附录P.13下图
茂吉記念館前駅
宮城川崎
白鷹町
P.93
駒草平
蔵王山
小国町
長井市
南陽市
かみのやま温泉駅
熊野岳
P.92
蔵王回声线
P.26/P.92
村田JCT
御釜
羽前中山駅
泷见台
P.92
远刈田温泉 附录P.13上图
蔵王町
柴田町
荒沢山
あやめ公園駅
長井駅
南陽市役所駅
宮内駅
おりはた駅
村田
村田町
槻木駅
中川駅
楢下宿
上山市
高级旅馆 别邸 山风木
P.94
伊佐領駅
羽前沼沢駅
飯豊町
時庭駅
西大塚駅
梨郷駅
屏風岳
P.21
白石川堤一目千本櫻
船岡駅
東船岡駅
萩生駅
金山峠
白石市
大河原駅
羽前松岡駅
羽前椿駅
今泉駅
赤湯駅
白竜湖
白石
大河原町
東北本線
米坂線
犬川駅
南陽高畠
二井宿峠
長老湖
白石 附录P.14上图
船冈城址公园
羽前小松駅
米沢南陽道路
東白石駅
北白川駅
岡駅
出ヶ峰
手ノ子駅
高畠駅
P.55
龍ヶ岳
花房山
七ヶ宿町
小原温泉
白石蔵王駅
角田駅
白川
犬川
中郡駅
鳩峰峠
七ヶ宿湖
東北新幹線
南角田駅
阿武隈急行
川西町
成島駅
米沢北
置賜駅
高畠町
大黒山
弥太郎山
福島市
北丸森駅

仙台・松岛・平泉
せんだい・まつしま・ひらいずみ
0
5
10km
N
1:650,000
平泉 附录P.18
登米 附录P.19上图
气仙沼・南三陆 附录P.16
石巻・牡鹿半岛 附录P.17
仙台・松岛 附录P.2-3
西行樱之森
P.130
达谷窟毘沙门堂
P.127
严美溪
P.21/P.127
猊鼻溪
P.127
南栗驹高原
一迫百合园
P.23
传统艺能传承馆
森舞台
P.137
伊豆沼・内沼
P.27
东阳寺
P.55
岩出山城址
P.53
岩井崎
P.115
田代岛
P.115
金华山
P.115
陸前高田市
盛駅
大船渡市
綾里崎
碁石岬
広田湾
大野湾
真崎
広田崎
気仙沼市
大船渡線(BRT)
今泉街道
室根山
気仙沼港
亀山
大島
龍舞崎
御崎岬
羽田神社
気仙沼中央
岩井崎
大谷海岸
気仙沼線(BRT)
小泉湾
※2019年度開通予定
末の崎
南三陸海岸
歌津
伊里前湾
歌津崎
南三陸町
志津川
荒島
志津川湾
椿島
琵琶崎
横山神社
翁倉山
貢尻島
八景島
峠崎
大須崎
硯上山
白銀崎
石巻市
女川町
女川駅
出島
女川港
女川湾
笠貝島
足島
寄磯崎
大六天山
鮫浦湾
牡鹿半島
仁王崎
金華山瀬戸
黒崎
網地島
釜ヶ崎
砥面島
兎島
大室崎
小出島
尾崎
石巻湾
石巻線
岩手県
一関市
一関
平泉町
平泉前沢
東稲山
栗原市
若柳金成
登米市
登米
築館
古川
涌谷町
大崎市
大衡村
大衡
大和
富谷市
利府中
多賀城
多賀城市
塩竈市
松島
松島湾
七ヶ浜町
仙台塩釜港
仙台港
仙台若林JCT
名取
名取川
仙台湾
仙台国際空港
仙台空港
岩沼市
岩沼
亘理
亘理町
阿武隈川
山元
山元町
東北新幹線
東北本線
東北自動車道
気仙沼線
仙石線
常磐線
北上川
旧北上川
迫川
江合川
鳴瀬奥松島
矢本
石巻
河北
桃生津山
桃生豊里
栗駒山
花泉駅
清水原駅
有壁駅
荒砥沢ダム
文字温泉
蚕飼山
高荒神山
高鳥兎山
白山神社
伊豆沼
長沼
新田駅
梅ヶ沢駅
瀬峰駅
田尻駅
美里町
松山町駅
鹿島台駅
品井沼駅
大郷町
愛宕駅
松島海岸駅
陸前浜田駅
宮戸島
本塩釜駅
西塩釜駅
東塩釜駅
仙台駅
長町駅
太子堂駅
南仙台駅
仙台空港駅
浜吉田駅
山下駅

1

2

3

Sendai Matsushima Hiraizumi

仙台·松岛·平泉之旅

森林之都、歌谣之岛与光的天堂 穿越千年的时空之旅

伊达政宗在青叶山建造了仙台城，而仙台市正是作为它的城关镇逐渐发展起来的。在其周边，不仅有被誉为日本三景之一的松岛，也有奥州藤原氏与源义经的悲剧舞台——平泉；这里是充满诗情画意的地方，我们在无数的和歌与俳句作品中都能找到东北地区的身影。

此页背景为从松岛四大观之一的大高森（P102）瞭望台处所见景色

4 5

6

1 位于仙台城遗址处守护城池的伊达政宗骑马像（P.36） 2 仙台夏季最具代表性的祭典是七夕祭，此时大街小巷都会被装饰得五彩缤纷（P.46） 3 只有在冬季才能看到的定禅寺大道点灯仪式（P.47） 4 平泉·中尊寺的参道——月见坂，道路两旁古木参天（P.122） 5 当地专线列车穿过层林尽染的鸣子峡（P.132） 6 南三陆三三商店街是三陆复兴的象征。各地旅客都会到这里品尝新鲜的海产（P.116）

游览仙台·松岛·平泉

欣赏陆奥古国的美学与自然

绚烂夺目的金色堂、装束风流倜傥的代名词——伊达政宗
华丽美学与丰饶自然有机结合

这里汇集了各种高级食材，比如仙台牛和产自三陆地区的海鲜。此外，松岛特产牡蛎和康吉鳗鱼也不容错过。

食在仙台·松岛·平泉

东北的味觉 华丽盛宴

丰饶的自然带来陆地与大海的馈赠，大家在这里既能品尝到大都会风格的精致菜品，也能享受到平民阶层的特产美食。

牛舌与毛豆泥等特产美食静等你的品尝。各地区的本地菜和本地酒也值得关注。

买在仙台·松岛·平泉

保留传统的各式珍品

在这里可以买到各种与日常生活息息相关的礼品，它们是世代传承的技术结晶。

宫城县的传统小芥子木偶因其朴素的表情而博得了人气。除了传统工艺品雄盛砚和鸣子漆器之外，在这里还能买到各种东北地区的工艺品。

休在仙台·松岛·平泉

在历史悠久的温泉之乡放松心灵

千年之前，这里的许多温泉便已闻名遐迩。自然环绕，置身其中，慢慢放松身心。

距离仙台市中心不远处有秋保温泉和作并温泉，是非常方便前往的景区。藏王温泉和鸣子温泉富于自然特色，魅力十足。

日本深度游 PREMIUM

仙台·松岛·平泉

Contents

特别篇

仙台

松岛

平泉

本书使用指南

● 本书中的数据资料采集时间截止到2018年9月。鉴于交通费用、营业时间、休息日、菜单及商品内容或因情况有所变化，请提前进行确认。

●若读者与本书所介绍的商店、餐厅等发生个人纠纷，本社概不负责，请读者谅解。

● 书中所载店家的营业时间、开馆时间均为真实时间。如最后点餐时间（LO）和最晚入馆时间有明确规定，书中另有明示。

● 关于休业时间，书中一般仅标明了固定休息日，如无特殊标注，年末年初、黄金周、夏季休息日、盂兰盆节和安保检查日等商家也有可能休业。

● 书中所示交通费用均为实际采访时的含税金额，如消费税进行更改，则金额有可能发生变化。另外，如无特殊标注，参观门票价格为成人票价。

● 书中所列餐厅的消费预算可供读者在实际消费时进行参考。本书所载L代表午餐，D代表晚餐。

● 关于住宿费用，如无特殊情况，本书所记“1晚2餐”“1晚含早”“纯住宿无餐”的费用为2人1室情况下的单人费用。根据日期和季节变化金额将有所调整。

● 交通方面，读者可参考本书所列乘坐各种交通工具的所需时间，以及从最近车站等地出发所需的时间。

● 如无特殊标注，停车场的注释表明该设施处有无专用停车场。

● 本书所刊照片均为采访时拍摄，根据实际情况菜品和商品有可能不再出售。

● 关于预约，书中记为“要”（必须预约），“希望”（希望进行预约），“可”（可以预约），“不可”（不能预约）。根据日期和时间的变化实际情况可能有所不同，请直接向商家确认。

图示代表的意义

- ☎ 电话号码
- 所 地址
- 开 开馆时间
- 营 营业时间
- 休 公休日
- 交 交通
- P 停车场
- 室 酒店客房数
- in 入住时间
- out 退房时间

地图标识

- ★ 景点
- 卍 寺院
- 开 神社
- R 餐饮店
- C 咖啡馆•甜品店
- S 商店
- SC 购物中心
- H 酒店
- 服务区
- i 游客服务中心
- 机场
- 温泉
- 滑雪场
- 公交车站

区域划分与热门景点

城关镇仙台市、绝佳景观松岛、世界遗产平泉3个地方不仅拥有浪漫的历史，也充满了自然之美。让我们一起了解一下它们的特点与地理位置，制订自己的旅行计划吧。

繁华的大都市与富饶的大自然

仙台

P.30

せんだい

伊达政宗在青叶山建造了仙台城，而仙台市则是作为它的城关镇逐渐发展起来的，仙台也是日本东北地区最大的城市。由于青叶山自然资源丰富，仙台市城区街道也多种植各种景观树木，因此仙台素有“杜之都(森林之都)”的美誉。如今，仙台城遗址一带已被重新规划为树木青葱的青叶山公园。从这里可以眺望整个仙台市，因此，青叶山公园也是人气景点之一。在城市的中心地带，位于仙台站西口的拱廊街和以榉木林荫道闻名的定禅寺大道等地都建有时髦的商场，在这里游客既可以品尝到多种多样的美食，也可以尽情享受购物的乐趣。

观光小贴士 与伊达政宗有关的历史遗迹是主要景点，比如仙台城遗址与瑞凤殿等。晚上可以到城区里品尝牛舌和海鲜等仙台美食。

请一定要尝尝仙台特产牛舌

这是仙台七夕祭时张灯结彩的景象，仙台全年都会举办各种丰富多彩的活动

位于仙台城遗址天守台上的伊达政宗骑马像，晚间这里会点灯以增强观赏效果

自古备受文人墨客称赞、代表陆奥古国的风景胜地

松岛

P.98

まつしま

松岛是日本三景之一，也被日本官方指定为国家特别名胜。在平静的松岛湾海面上，大大小小散布有260多个岛屿，这就是美丽的松岛。自古以来，松岛的身影常常出现在和歌与俳句作品中。据说，松尾芭蕉曾因这里的绝美风光而一时语塞，无法吟咏出诗句。在这里，人们既可以从瞭望台上俯瞰松岛风光，也可以乘坐观光船在松岛湾内巡游，或者还可以去寻访与伊达政宗有关的历史遗迹。秋冬时节，松岛湾出产的牡蛎会让人欲罢不能。

松岛湾拥有里亚斯型海岸，海面上散布着大大小小的岛屿，这里的每一座小岛都有自己的名字

松岛海产丰富。其中，松岛牡蛎肉质紧实，口感鲜美，实乃绝品

观光小贴士 环松岛湾有4个被称为“四大观”的观景台。推荐乘坐观光船，一边聆听每座小岛名字的由来，一边欣赏海面风光。

将奥州藤原氏的荣华与佛教文化传承至今的世界遗产

平泉

➡ P.118

ひらいずみ

作为平安时代后期奥州藤原氏家族兴盛的根据地，平泉保留了很多当时的建筑，并有5座建筑被收录于联合国教科文组织的世界遗产名录。其中，最有名的当属中尊寺。国宝金色堂四面全用金箔镶嵌，上面绘有精美绝伦的装饰。

观光小贴士 旅客来平泉一般多会探访世界遗产，其中中尊寺最是不容错过。此外，也可以在严美溪等地欣赏自然景观。

⬆出于保护目的，中尊寺金色堂外罩有一座名为覆堂的建筑

⬅世界遗产之一，毛越寺的净土式庭园

区域间的交通

从仙台前往松岛方向可乘坐JR仙石线，前往平泉方向可乘坐JR东北本线。乘坐东北新干线能大大缩短旅途时间。如选择自驾前往则可走东北高速和三陆高速。

仙台～秋保温泉

电车＋公交 约40分钟
JR仙台站～JR爱子站（仙山线普快）、爱子站～秋保文化之乡中心（仙台市市营公交）

巴士 约30分钟
仙台站前～秋保・乡中心（TAKEYA交通公司）

自驾 约30分钟／18km
仙台市街～秋保温泉街（经国道48号）

仙台～作并温泉

电车＋公交 约40分钟
JR仙台站～JR作并站（仙山线特快）、作并站前～作并温泉入口（仙台市市营公交）

公交 约1小时
仙台站前～作并站前（仙台市市营公交）

自驾 约40分钟／28km
仙台市街～作并温泉街（经国道48号）

仙台～远刈田・藏王温泉

新干线＋巴士 约1小时
JR仙台站～JR白石藏王站（东北新干线）、白石藏王站～远刈田温泉汤之町（宫交公司巴士）

电车＋巴士 约1小时30分钟
JR仙台站～JR白石站（东北本线普快）、白石站前～远刈田温泉（宫交公司巴士）

自驾 约50分钟／42km
仙台市街～远刈田温泉街（经东北高速・仙台宫城IC交流道～村田IC交流道）

高速巴士 约1小时
仙台站前～远刈田温泉（宫交公司巴士）

仙台～白石

新干线＋公交 约20分钟
JR仙台站～JR白石藏王站（东北新干线）、白石藏王站～白石站（白石市民公交※仅平日运营）

电车 约50分钟
JR仙台站～JR白石站（东北本线普快）

自驾 约50分钟／45km
仙台市街～白石市街（经东北高速・仙台宫城IC交流道～村田IC交流道）

仙台～平泉

新干线 约40分钟
JR仙台站～JR一之关站（东北新干线）、JR一之关站～JR平泉站（东北本线普快）

自驾 约1小时25分钟／100km
仙台市街～平泉市街（经东北高速・仙台宫城IC交流道～一之关IC交流道）

仙台～鸣子温泉乡

新干线 约1小时
JR仙台站～JR古川站（东北新干线）、JR古川站～JR鸣子温泉站（陆羽东线）

电车 约2小时5分钟
JR仙台站～JR小牛田站（东北本线普快）、JR小牛田站～JR鸣子温泉站（陆羽东线普快）

自驾 约1小时20分钟／80km
仙台市街～鸣子温泉街（经东北高速・仙台宫城IC交流道～古川IC交流道）

高速巴士 约1小时25分钟
仙台站前～鸣子温泉车汤（宫交公司巴士）

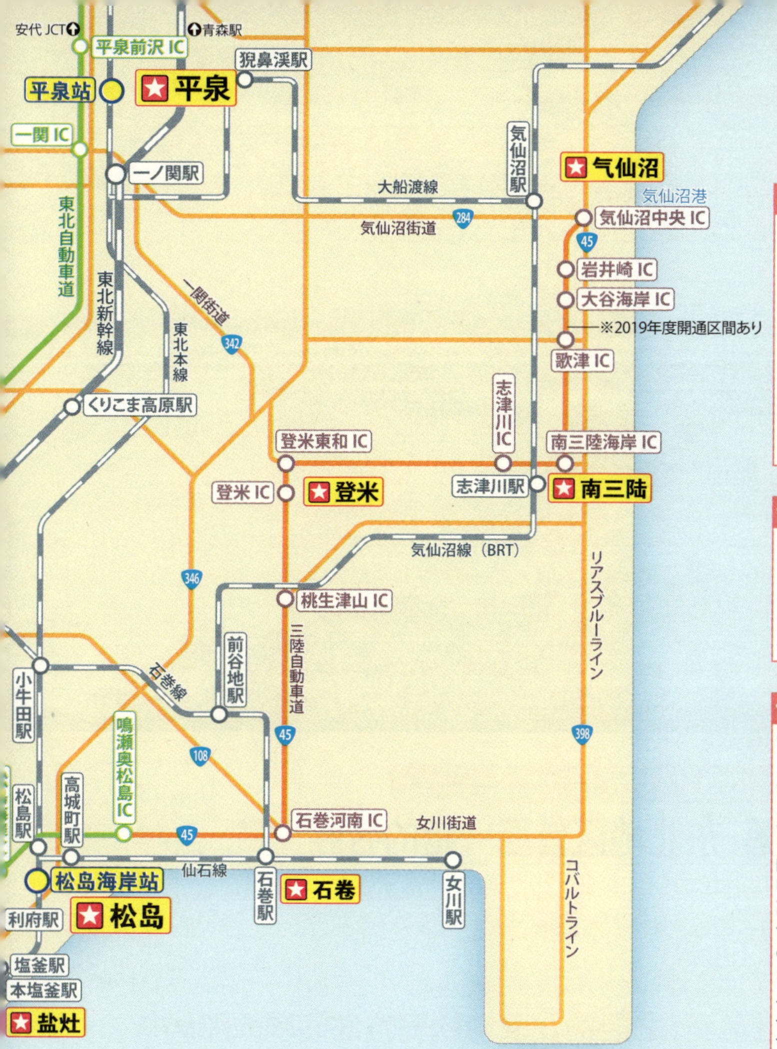

※JR气仙沼线、JR大船渡线・气仙沼站～盛站之间有BRT(快速公交系统)运营

松岛～平泉

新干线 约1小时15分钟
JR松岛海岸站～JR仙台站(仙石线普快)、JR仙台站～JR一之关站(东北新干线)、JR一之关站～JR平泉站(东北本线普快)

电车 约1小时15分钟
JR松岛站～JR小牛田站(东北本线普快)、JR小牛田站～JR一之关站(东北本线普快)、JR一之关站～JR平泉站(东北本线普快)

自驾 约1小时20分钟／87km
松岛海岸～平泉市街(经东北高速・三本木智能IC交流道～一关IC交流道)

仙台～登米

自驾 约1小时10分钟／78km
仙台市街～登米市街(经仙台东部道・仙台东IC交流道～仙台港北IC交流道、三陆高速・仙台港北IC交流道～登米IC交流道)

高速巴士 约1小时30分钟
仙台站前～登米明治村(东日本快车)

仙台～三陆海岸

●至石巻

电车 约55分钟
JR仙台站～JR石巻站(仙石东北线特快)

自驾 约1小时／55km
仙台市街～石巻市街(经仙台东部道・仙台东IC交流道～仙台港北IC交流道、三陆高速・仙台港北IC交流道～石巻河南IC交流道)

高速巴士 约1小时15分钟
仙台站前～石巻站前(宫城交通巴士)

●至南三陆

电车 约1小时55分钟
JR仙台站～JR小牛田站(东北本线普快)、JR小牛田站～JR前谷地站(石巻线普快)、JR前谷地站～JR至今川站(气仙沼线BRT)

自驾 约1小时30分钟／100km
仙台市街～南三陆町(经仙台东部道・仙台东IC交流道～仙台港北IC交流道、三陆高速・仙台港北IC交流道～志津川IC交流道)

高速巴士 约1小时45分钟
仙台站前～志津川十日町(宫城交通巴士)

●至气仙沼

新干线 约2小时
JR仙台站～JR一之关站(东北新干线)、JR一之关站～JR气仙沼站(大船渡线普快)

自驾 约2小时10分钟／132km
仙台市街～气仙沼市街(经东北高速・仙台宫城IC交流道～一之关IC交流道)

高速巴士 约2小时50分钟
仙台站前～气仙沼站前(宫城交通巴士)

仙台～松岛

电车 约40分钟
JR仙台站～JR松岛海岸站(仙石线普快)

电车 约25分钟
JR仙台站～JR松岛站(东北本线普快)

自驾 约35分钟／27km
仙台市街～松岛海岸(经仙台东部道・仙台东IC交流道～仙台港北IC交流道、三陆高速・仙台港北IC交流道～松岛海岸IC交流道)

高速巴士 约55分钟
仙台机场～松岛海岸(岩手县北巴士)

仙台～盐灶

电车 约30分钟
JR仙台站～JR本盐釜站(仙石线普快)

自驾 约35分钟／16km
仙台市街～盐灶市街(经国道45号)

眺望美景、追思时光流逝之旅

拜访那些自古便被不断吟咏的胜地，回首先人曾经发出的喟叹

请一定要去松岛附近的眺望台欣赏一下这里的美景

深度游计划：跟随《奥州小道》的诗句探访松岛

无数岛屿交织错落、东北地区首屈一指的名胜

追寻松尾芭蕉的脚步，从盐灶市乘船前往松岛。不要错过古寺名刹与当地美食。

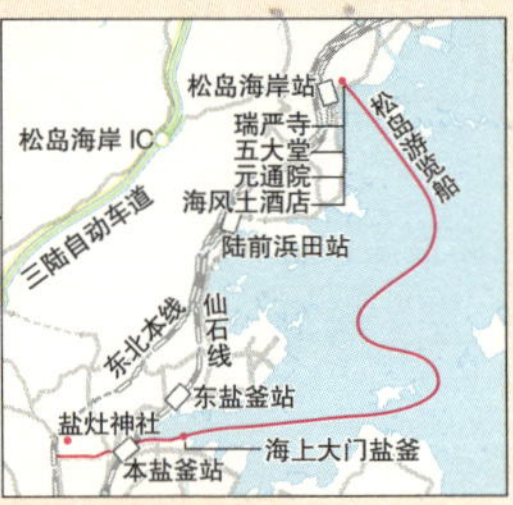

10:00 从 本盐釜站 出发

约15分钟　从本盐釜站出来往左手方向前进，登上七曲坂后即可参拜盐灶神社。

10:15 在盐灶神社散步，之后前往驶向松岛方向的观光船码头

盐灶神社始建于奈良时代之前，而盐灶市至今还保留着港口城镇的风情

盐灶神社 ➡P.112

しおがまじんじゃ

盐灶神社历史悠久，是陆奥古国规格最高的神社。据说，芭蕉曾因在这里发现刻有古时铭文的灯笼而大发感慨。春日的盐灶樱花和秋日的优美红叶，将这里装扮得五彩缤纷。

即使会错过1班观光船，也请一定要来这里看看

海上大门盐釜 ➡P.112

マリンゲートしおがま

这里是观光船的始发码头。其名称来自“芭蕉之路”，船只驶向松岛。每小时都会有1班船离港，请大家看好时间再出发吧。

在这里也可以享受美食与购物的乐趣

12:00

在船上欣赏各有特色的小岛风光

每座小岛都有自己的故事

松岛观光船 ➡P.103

まつしまゆうらんせん

在船上，大家可以一边聆听船舱内播放的解说，一边欣赏大小各异、形形色色的小岛所构成的风光。船舱外，还可以看到黑尾鸥在海面上自由自在地翱翔。从盐灶前往松岛的"芭蕉之路"航段，由丸文松岛轮渡公司运营。

约50分钟 在海上大门盐釜登观光船前往松岛。

乘坐观光船可以在移动中享受观光的乐趣，十分便利

仁王岛仿佛在守卫着松岛湾

钟岛。据说在4个洞中会有海浪的声音回响

13:00

寻访伊达家的菩提寺等名刹

瑞严寺绘有多彩绚烂的装饰，元通院藏有绿意盎然的庭园

瑞严寺 ➡P.104

ずいがんじ

瑞严寺是伊达家族的菩提寺。其中本堂据说是由伊达政宗亲自上阵领头建造的。在这里，数不清的隔扇上绘有精美的装饰画，打造出一个宽广华丽的空间，"伊达本人"的形象仿佛在这里重生。除此以外，千万不要错过宝物馆中陈列的政宗坐像。

库里与本堂均为日本国家指定国宝

五大堂 ➡P.105

ごだいどう

初建于平安初期，可以追溯到坂上田村麻吕东征时期。现存的大堂由政宗建造，是东北地区现存最古老的桃山建筑。

穿过透桥就是五大堂

元通院 ➡P.104

えんつういん

元通院是夭折的二代藩主次子·光宗的菩提寺。在这座苔藓遍地的绿色庭园里，春夏可赏各色鲜花，秋季可赏片片红叶。庭院一角还有一座玫瑰园。

庭院深处有光宗的灵庙——三惠殿

约10分钟 浏览结束后还可以购物，然后返回酒店。

18:00

欣赏令芭蕉心驰神往的月下松岛

想要欣赏夜晚的风景，就住在松岛吧

松岛温泉元汤 海风土酒店 ➡P.108

まつしまおんせんもとゆ ホテルうぶど

客房拥有无敌海景，顶层赏景露天浴场无论是晚间或是日出之前都对外开放。个别客房还配有专属露天浴池和赏景浴池。

一边浸泡在热汤中，一边欣赏诗情画意的美景

旅行计划小贴士

从仙台到松岛方向的仙石线上，有很多列车会止步于仙台附近的东盐釜站，因此从盐灶乘坐观光船前往松岛比较方便。如自驾前往，在海上大门盐釜的停车费也会相对便宜。虽然最后仍需回到盐灶市，但如果能前往西行法师折回之松公园等瞭望台处游览，旅程将会变得更加充实。

从西行法师折回之松公园处眺望的景色

餐饮计划

可尽情享受松岛的海鲜特产，如牡蛎和康吉鳗鱼。午餐推荐在盐灶市的港口品尝原料新鲜的寿司。如这样计划，那么前往松岛的行程需酌情推后。

在田里津庵享用康吉鳗鱼

盐灶寿司哲家的寿司

深度游方案：在仙台寻找政宗的痕迹

游览保留着伊达风情的街道

乘坐环游巴士寻访华丽的灵庙和高台遗址，欣赏美丽的森林之都。

林荫大道笔直地伸向远方。定禅寺大道是仙台的象征

10:00 从 仙台站 出发

约15分钟　乘坐观光环游巴士LOOPLE仙台号，在瑞凤殿下车。

10:30 寻访伊达家残存的灵庙和城址

在城区西南方向的丘陵地带残留的仙台藩痕迹

瑞凤殿 ➡P.35
ずいほうでん

瑞凤殿是伊达家族的灵庙，它仿佛是在静静凝望着青叶山上残存的仙台城遗迹。其建筑群上豪华的装饰十分精美。

↑瑞凤殿最前方的建筑涅槃门

仙台城遗址 ➡P.36
せんだいじょうあと

如今，仙台城一之丸遗址是眺望仙台城区的瞭望台。除周围的石墙以外，基本没有建筑物保存下来。

↑守望城区的伊达政宗像

仙台市博物馆 ➡P.37
せんだいしはくぶつかん

在三之丸遗址上建造的历史博物馆。这里展示了很多包括政宗曾经穿过的盔甲在内的与伊达家族有关的展品。

↑庆长遣欧使节的史料也值得关注

约15分钟　从仙台市博物馆徒步前往宫城县美术馆前，之后乘坐LOOPLE仙台号，在仙台媒体中心前下车。

14:30 象征森林之都的林荫大道

装饰有雕刻作品的艺术大道

定禅寺大道 ➡P.38
じょうぜんじどおり

在这里可以一边欣赏雕刻作品，一边在沿路精致的咖啡厅里驻足，慢慢享受散步的乐趣吧。

→这里也经常举办各种活动，如爵士音乐节等

在散步途中可以进入拱廊街。

16:30 在拱廊街和车站大楼寻找当地特产

仙台的购物中心集中在仙台站前

S-PAL仙台 ➡P.83
エスパルせんだい

车站前的商业中心。这里有很多商家入驻，最适合购买特产。

←这里也有丰富的餐厅可供选择

←↑在商店街和车站前的商业中心可以找到宫城县的民间艺术品

这里紧连着仙台站。

17:30 到达 仙台站

旅行计划小贴士

环游巴士LOOPLE仙台号仅按顺时针方向运营，因此沿着巴士的轨迹进行观光效率更高。从宫城县美术馆前也可前往与政宗有关的神社·大崎八幡宫等地。由于仙台城遗址也是一处人气夜景观赏点，因此晚上前往这里也不错。

↑从仙台城遗址处眺望的夜景

餐饮计划

城区中心各种餐厅鳞次栉比。如果只想随便吃点可以去位于仙台城遗址的青叶城本丸会馆中的餐厅，如果有特别喜好可以前往国分町等地探寻目标餐厅。此外，在壱弐参横丁和文化小巷等处可以一边欣赏复古情调一边寻找高级餐厅。

↑位于国分町的老字号"炉端"

深度游方案：翻开世界遗产——平泉的历史

追忆庶民之地的昔日荣华

跟随奥州藤原氏与源义经的脚步
倾听穿越千年时空的沉思

金色堂外部的覆堂可以保护建筑，阻挡风雨的侵蚀

9:00 从 一之关站 出发

约20分钟　在一之关站乘坐专线巴士。

9:40

观赏与松岛齐名的胜景

粗犷的岩石与清澈的溪流谱写出生命交响曲

严美溪 ➡P.127

げんびけい

磐井川的溪水不断侵蚀巨型岩石，最终创造出这里独一无二的风景。据说伊达政宗来到这里之后，将其评价为与松岛齐名的领地内两大胜景。

溪流两旁至今还保留着伊达政宗栽种的贞山樱

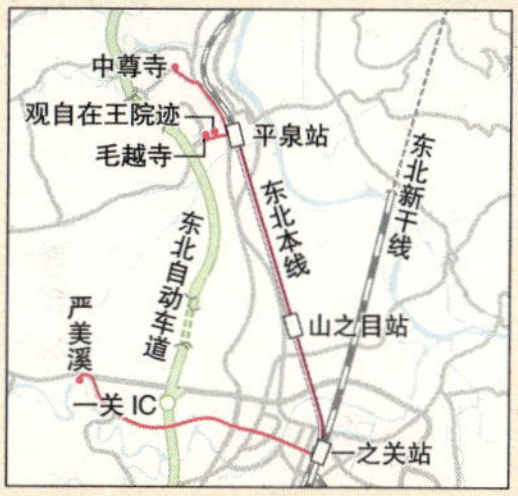

约40分钟　乘坐专线巴士返回一之关站，从一之关站乘坐新干线前往平泉站。

11:00

探访散落在平泉各处的世界遗产

根据净土宗信仰规划建造的庭园与寺院遗迹

毛越寺 ➡P.126

もうつうじ

毛越寺是在奥州藤原氏的大力支持下逐渐发展起来的寺院。它保留了平安时期的净土宗庭园风格，是一座珍贵的文化遗产。

庭园中的水渠与砂洲的巧妙设计最为人称道

观自在王院遗迹 ➡P.127

かんじざいおういんあと

是与毛越寺相邻的一片广阔寺院群遗迹。观自在王院是在奥州藤原氏二代·基衡妻子的主持下建造的。

遗留下来的只有水池，让人不禁在这里怀古追思

约10分钟　在毛越寺前乘坐环游巴士前往中尊寺。

旅行小贴士

从平泉站或毛越寺步行至中尊寺大概需要30分钟，但是，两者之间距离稍远，建议还是乘坐环游巴士或出租车，或租用自行车前往。中尊寺景区面积广阔，从入口月见坂至金色堂需步行约1Km，建议游客提前留出充裕的时间进行观赏。

餐饮计划

平泉的特色美食是以蘸有各种调料的麻薯为中心的麻薯大餐。在前往中尊寺的沿路商家和月见坂前的餐厅里都能找到它的身影。

各种粘糕，一口一个

15:00

在金色堂追忆往昔的繁荣

参天林木高耸在参道两旁，深山尽头，金色堂光彩依旧

中尊寺 ➡P.120

ちゅうそんじ

奥州藤原氏3代长眠在金色堂中。以金色堂为中心，深山里还建有其他配殿和资料馆。中尊寺是来平泉旅游不可错过的景点。

这条参道也被称为月见坂

约5分钟　在中尊寺前站乘专线巴士前往平泉站。

18:00 到达 平泉站

藏经阁建造于镰仓时代，从时间上讲是仅次于金色堂名列第二的古建筑

用色彩勾起旅途情思

四季分明的陆奥古国

春 预告北国醒来的鲜花

**东北地区气候温和、自然资源丰富。
这里的春天总是含羞带怯，一点点地重新给万物染上色彩。
放慢脚步，我们一起来欣赏北国的四季。**

江户时代的古树盛放依旧

以垂樱为主，近360株樱花竞相盛放

榴冈公园 ➡P.43

つつじがおかこうえん

位于仙台中心地带的赏樱胜地。这里种植了大量的染井吉野樱和垂樱等各种樱花，花期可从4月上旬一直延续到下旬。

仙台站东口 MAP 附录P.5 E-3

近赏满目樱花，远眺松岛胜景

西行法师折回之松公园 ➡P.102

さいぎょうもどしのまつこうえん

在这里可以从高处远眺松岛美景。春季，约260株樱花竞相盛开，绚烂多彩，一片繁华景象，花期从4月中旬持续到5月上旬。

松岛 MAP 附录P.15 D-2

至今依然盛放的江户时代古樱

全长8km的樱花林在藏王连峰的山脚下连绵不绝

白石川堤一目千本樱

しろいしがわづつみひとめせんぼんざくら

从宫城县的大河原町到柴田町，在白石川两岸约种植有1200株樱花树。花期是4月上旬～中旬。

大河原町 MAP 本志P.2 C-4

☎0224-53-2659（大河原町商工观光科）
所 大河原町白石川河堤
开 休 票 可自由游览　交 从JR大河原站／船冈站步行3分钟　P 有（河边临时停车场）※仅限节日庆典期间

一边远眺藏王连峰的残雪，一边漫步在樱花盛放的小道上

八重樱为盐灶神社更添一抹浪漫

盐灶神社 ➡P.112

しおがまじんじゃ

盐灶神社里种有约200株樱花，其中最著名的是被称为“日本自然纪念物”的盐灶樱。4月下旬，鲜花盛典拉开序幕，满园樱花竞相盛开，游人如织。

盐灶 MAP 附录P.15 D-3

← 盐灶樱的开花时间相对较晚，盛放期在5月上旬

在广袤的土地上各季鲜花争相斗艳

国营陆奥森林湖畔公园

こくえいみちのくもりのこはんこうえん

东北地区唯一的国营公园。公园分南北两部分，南区有大花坛和古时的农家建筑，北区山地则带来丰富的自然体验。

川崎町 MAP 附录P.2 A-4

☎0224-84-5991　所 川崎町小野二本松53-9
开 9:30～17:00（根据季节变化有所变动）　休 星期二（年末年初、各种盛会期间无休）　票 450日元　交 在仙台站前乘坐TAKAYA巴士或交通·秋保·川崎仙台西部定期巴士，至陆奥森林湖畔公园入口下车即到，约1小时10分钟　P 有

奇石怪岩矗立清溪两岸，政宗樱花连绵盛放至今

严美溪 ➡P.127

げんびけい

严美溪两岸的石壁上，约有200株樱花竞相争艳，据说其中还有伊达政宗亲手栽植的贞山樱。花期从4月下旬延续至5月上旬。

一之关 MAP 本志P.3 D-1

← 樱花树下融化的雪水潺潺流淌

↓ 春季在大花坛的一端盛开有郁金香和三色堇

夏 展现盛世繁华的祭典

夏日祭典的悠久历史可以追溯到伊达政宗时代

具有代表性的祭典活动，拱廊街里的美丽彩幡

仙台七夕祭 ➡P.46

せんだいたなばたまつり

8月6～8日，仙台市内各处都会挂上缀满各色飘带的彩幡。其间，还会举办烟火大会和各种活动。

仙台站西口 MAP 附录P.10 B-2

大大小小的供奉游船首尾相接，在松岛湾内巡航

东北夏日祭典的头阵 日本三大船祭之一

盐灶海港祭

しおがまみなとまつり

在海之日（七月的第三个星期一），载有盐灶神社和志波彦神社神舆的游船会在海上巡游，热闹非凡。同时还会举办烟花大会和陆上游行。

盐灶 MAP 附录P.15 E-4

☎022-364-1165（盐灶市観光交流課）
所盐灶市宫町·本町·西町（壱番馆前交叉口附近～盐灶神社表坂下附近）、盐釜港　开7月第三个星期一10:30开始　交从JR本盐釜站步行10分钟　P无（可利用附近的停车场）

初夏的高原散发着百合的芬芳

南栗驹高原一迫百合园

みなみくりこまこうげんいちはさまゆりえん

200个品种、15万株百合在30000㎡的土地上尽情绽放，此外还有绣球花小径也值得观赏。开园时间为6月下旬～7月25日。

栗原 MAP 本志P.3 D-2
☎0228-52-4551
所栗原市一迫真坂清水堰田
开8:30～17:00 休开园期间无休
票670日元 交自驾从东北高速·筑馆IC交流道出发约20分钟 P有

百合园是因当地的乡村振兴政策而兴建的

这里种有多达800种、300万株的鸢尾花和菖蒲

为古迹增添一抹亮丽色彩的鸢尾花

多贺城遗址 鸢尾花园

たがじょうあと あやめえん

在多贺城遗址，6月中旬～7月上旬会举办鸢尾花花会。紫色和白色的鸢尾花盛放在面积约为21000㎡的花园中，美不胜收。

多贺城 MAP 附录P.14 B-4
☎022-364-5901（历史古都多贺城旅游中心） 所多贺城市市川田屋场 开入园时间不限，鸢尾花祭典期间为10:00～16:00 休全年无休 票免费 交从JR国府多贺城站出发步行7分钟 P有

仙台北部的绣球花寺院

资福寺 ➡P.44

しふくじ

位于仙台北山的五山之一，因寺内种有超过1000株的绣球花，也被称为绣球花寺。花期从6月下旬持续到7月中旬。

北山 MAP 附录P.4 C-2

也可就近观赏临近寺院轮王寺的菖蒲花

出现在世界遗产庭园中的梦幻世界

毛越寺 ➡P.126

もうつうじ

在开山堂与池塘中间种有约30000株菖蒲。6月20日～7月10日期间会举办菖蒲花会。

平泉 MAP 附录P.18 B-3

五彩斑斓的花卉与历史悠久的寺院形成鲜明对比

秋
红与黄二分天下

因游人众多，如想尽情观赏，建议早上来访

穿过艳丽的红叶前往金色堂

中尊寺 ➡P.120

ちゅうそんじ

秋季，从本堂周围到金色堂的参道会变成一条红叶的隧道。藏经阁周边也十分漂亮。红叶观赏期是从10月下旬到11月下旬。

平泉 MAP 附录P.18 A-1

夜间的红叶如梦如幻

元通院 ➡P.104

えんつういん

10月下旬到11月下旬，松岛的元通院会举行夜间的红叶点灯活动。倒映在池塘中的红叶倒影十分出名。

松岛 MAP 附录P.15 D-1

与仙台因缘颇深的胡枝子隧道

仙台市野草园 ➡P.51

せんだいしやそうえん

公园中栽种有各种各样的野生植物。秋天，可观赏仙台市市花胡枝子花之隧道，也可欣赏美丽的红叶。

太白区 MAP 附录P.2 C-3

➡胡枝子花低垂到脸颊两旁，游客可以在这条隧道中自由散步

⬆在色彩斑斓的美景中倾听奔腾不息的瀑布之声

⬅被红叶包围的大深泽桥

陡峭的峡谷中层林尽染

鸣子峡 ➡P.132

なるこきょう

由于大谷川的侵蚀，这里形成了深邃的山谷。秋季，红叶为峡谷更添一抹风情。从行驶在陆羽东线上的列车里也可以观赏这里的风景。

鸣子温泉乡 MAP 附录P.19 D-4

温泉乡深处的瀑布与红叶

秋保大瀑布 ➡P.84

あきうおおたき

高约55m的瀑布从艳丽的红叶中间奔流而下，蔚为壮观。红叶观赏期为10月下旬到11月上旬。

秋保温泉 MAP 附录P.2 A-3

雾凇是在特殊的植被与气象条件并存的情况下才会出现的奇特景象

在严寒中登场的冰雪怪兽

藏王空中缆车

ざおうロープウェイ

雾凇，是水汽借助风的力量不断凝结在树木的枝叶上，再加上雪的附着而形成的奇特景观。乘坐冰上汽车也可以近距离观赏这一美景。

藏王温泉 MAP 附录P.13 E-4

➡P.93

冬

山与城银装素裹

在山地深处体验冬天的迟迟不归

与冬季的终结一起出现的雪墙

藏王回声线

ざおうエコーライン

➡P.92

冬季，回声线由于积雪需要封闭。待到来年春天，除雪时道路两旁会积起高高的雪堆，形成一道雪墙。冬季的封锁期在4月下旬解除。

远刈田温泉 MAP 本志P.2 C-4

政宗亲手栽种的梅花遍布寺内

瑞严寺

ずいがんじ

➡P.104

传说，瑞严寺本堂前的卧龙梅，是伊达政宗出兵朝鲜时，把盔甲当成花盆一路带回来的。花期是在4月中旬。

松岛 MAP 附录P.15 D-1

这里的花期要比一般梅花来得晚一些

温暖的灯光照亮冬日的街道

仙台光之盛典灯光秀

➡P.47

从12月上旬至31日，定禅寺大道的榉树林荫道上就会挂满彩灯，林荫道变成了光的走廊，如梦如幻，引人入胜。

定禅寺大道 MAP 附录P.8 B-3

每天的18点、19点和20点，这里的灯光会一起熄灭再一起点亮，仿佛在向游人眨眼，这一设计颇受好评

每年都有很多游客不远万里来到这里进行摄影

被雪包围的松岛值得一观

五大堂

➡P.105

ごだいどう

据说在面向太平洋的松岛，很少会有积雪。每当下雪的时候，五大堂和各个小岛就会呈现出与平时截然不同的美丽。

松岛 MAP 附录P.15 E-2

来自北方的候鸟在这里栖息

伊豆沼·内沼

いずぬま·うちぬま

伊豆沼是一片位于登米市和栗原市之间的宽阔沼泽地，是日本少有的候鸟越冬之地。每年这里都会聚集很多的候鸟观察者。

栗原 MAP 本志P.3 D-2

☎0228-33-2216（伊豆沼·内沼保护区中心） 所栗原市若柳上田冈敷味17-2 开休票可自由参观 交从JR栗驹高原站乘车10分钟即到 P有

大雁和天鹅在这里成群结队自由翱翔

旅行日历

对比气候、庆典和当季美味，寻找适合自己的旅行季节。

1月

前往各地寺庙进行新年首次参拜的香客络绎不绝。仙台的新春开市生气勃勃，值得一去。

2月

寒冷的气候仍在继续，时令美食牡蛎等开始上市。

3月

春的脚步慢慢走近。各地开始举行春季的例行庆典。

降水量·气温

℃ 20 10 0

月均气温

月均降水量

冬季气候寒冷，一定要做好保暖工作。太平洋一侧沿海地区降雪量并不会很大。

这里的樱花花期比关东和西日本地区都要迟些，3月中旬尚没有很多可以赏花的地方。

月份	仙台月均气温	一关月均气温	仙台月均降水量	一关月均降水量
1月	1.6°C	-0.5°C	37.0 mm	43.8 mm
2月	2.0°C	0.3°C	38.4 mm	40.7 mm
3月	4.9°C	3.6°C	68.2 mm	71.2 mm

祭典·节日

2日 仙台开市

拥有200年历史的正月例行庆典。在仙台市内的商业区，商家会推出包括福袋在内的许多奢华商品，引得顾客竞相采购，热闹非凡。

14日 松焚祭（火节）

在大崎八幡宫举行的祭典，祭典上会烧掉正月的装饰品等物。此时，在仙台市内各处会出现著名的"裸身参拜"游行队伍，他们朝着火焰的方向不断前行。

上旬 松岛牡蛎节

作为松岛冬季的风情代表物，各种各样的烹饪方法使得牡蛎在这个季节大放异彩。除牡蛎之外，在冬季还能品尝到各种宫城县的美味。

10日 盐灶神社帆手祭

帆手祭始于江户时代，原先是盐灶神社的火伏祭，后来逐渐演变成神舆出行的祭祀典礼。在当地，人们把这一祭典看作是春天来临的标志。

应季食材

芹菜（10月上旬～4月下旬）

仙台曲葱（11月上旬～3月下旬）

雪菜（11月上旬～4月上旬）

7月

梅雨季节结束，进入真正的夏天。夏季的时令美味不容错过。

8月

暑假期间，各种仙台的代表活动轮番上演，游客众多，热闹非凡。

9月

气温回落，是最适合旅游的季节。在松岛赏月乃一大乐事。

降水量·气温

℃ 20 10 0

在平原地区需做好防暑降温工作。可前往高原、溪谷处纳凉。

月份	仙台月均气温	一关月均气温	仙台月均降水量	一关月均降水量
7月	22.2°C	22.3°C	179.4 mm	173.7 mm
8月	24.2°C	24.0°C	166.9 mm	168.9 mm
9月	20.7°C	19.8°C	187.5 mm	158.5 mm

祭典·节日

第3个周一 盐灶港祭 ➡P.22

为祈祷盐灶的产业复兴，于"二战"后逐渐兴起的祭典。最大看点是载有神舆的艳丽游船在海上巡航，这一胜景被人们称为"海上启行"。

下旬 夏季祭典仙台雀舞

在仙台站东口的宫城野大道，会举行仙台的乡土艺术雀舞表演。在祭典的高潮，游客也可以加入舞蹈队伍中。

6～8日 仙台七夕祭 ➡P.22·46

从伊达政宗时代延续至今、颇有历史渊源的祭典。此时，大街小巷挂满色彩缤纷的装饰物。祭典前夜所举行的"仙台七夕烟花大会"也十分精彩。

16日 平泉大文字送火

在与京都东山齐名的束稻山上，会点燃长约100m的"大"字型送灵火。这也是为奥州藤原氏和源义经举行的追善供养法会。

第二个周六、周日 定禅寺大道爵士音乐节in仙台 ➡P.47

仙台的街道变成了音乐的海洋，无论是专业演奏家还是业余爱好者，都在这里齐聚一堂，献上精彩演出。

中旬 月之松岛in观澜亭

每逢中秋月圆之际，观澜亭都会举办赏月大会。据说，伊达家族曾在这里赏月玩乐。

应季食材

雪菜（6月上旬～9月下旬）

仙台长茄（7月上旬～10月下旬）

海胆（6月上旬～8月下旬）

海鞘（5月上旬～8月下旬）

金华鲭鱼（9月上旬～11月下旬）

旅游旺季是春秋两季，而夏季则有很多大型的节日庆典。按照季节的变化，沿着丰富的味觉体验去旅行也是一种值得推荐的方式。另外，沿海地区和内陆地区在气候上存在一定差异，请多加留意。

4月
伴随樱花季的到来，游客也逐渐增多。中旬左右各地樱花进入盛放期。

5月
最适合散步的季节。适逢黄金周连休，游客众多注意安全。

6月
从中旬起进入梅雨季，出行请携带雨具。当季鲜花也值得观赏。

降水量·气温

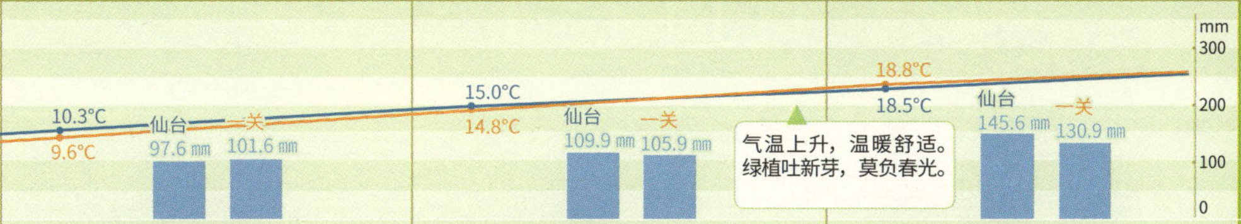

祭典·节日

上旬～下旬 白石城樱花祭
在白石城附近的公园举行。活动期间，夜里被彩灯照射的城池和在雪洞灯映衬下的夜樱相得益彰，如梦如幻。

第三个周六、周日 东照宫春之祭
在仙台东照宫内举行。人们在神像前奏响神乐，院内摆满了各式露天小店。时值樱花盛开之际，前来赏花的游人络绎不绝。

1～5日 春之藤原祭
在平原町举行的缅怀奥州藤原氏的祭典，华丽的游行队伍会重现当时的历史场面。11月1～3日还会举行“秋之藤原祭”。

第三个周六、日 仙台·青叶祭
➡P.47
在青叶神社会举办神舆出行和戈山彩车的巡游，游行队伍还会跳起仙台雀舞。此外，在市民广场还会举办能够品尝到各种仙台美食的“森林集市”。

上旬 远刈田大道艺术节
此时的远刈田温泉商业街会成为步行者的天堂，来自国内外的优秀街头表演艺术家在这里奉献精彩的演出。

20日～7月10日 毛越寺菖蒲花节
约300种、3万株的菖蒲花盛放在毛越寺的菖蒲花园内。节日期间，还会举行“延年舞”和茶会、儿童写生大会等各种活动。

应季食材

雪菜(6月上旬～9月下旬)

海胆(6月上旬～8月下旬)

仙台草莓(12月上旬～5月下旬)

牡蛎(10月上旬～5月下旬)

海蛸(5月上旬～8月下旬)

10月
从高海拔的地方开始各地逐渐进入红叶观赏期。此时也是适合吃海鲜的季节。

11月
从上旬至中旬，平原地带也可观赏到红叶。

12月
街道上挂满了五彩缤纷的彩灯。高原上白雪皑皑，银装素裹。

降水量·气温

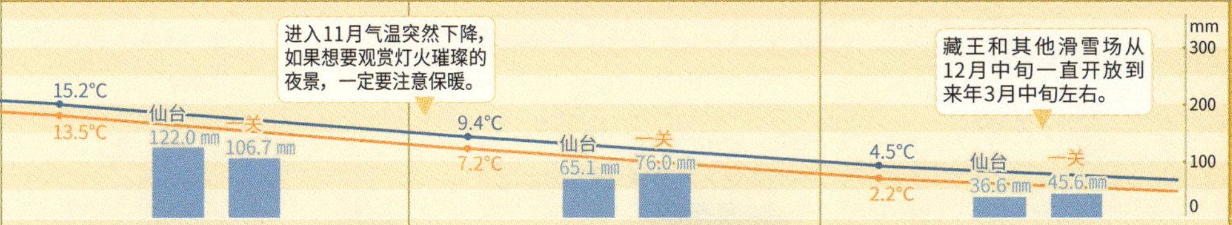

祭典·节日

上旬 陆奥YOSAKOI节
➡P.47
在仙台市内的各会场上，不同舞蹈团体会表演各具特色的舞蹈节目。一般来说，这时表演的舞蹈多会由类似响板的乐器鸣子伴奏，同时还有日本民谣的伴唱。

上旬 仙台古典音乐节
在仙台市内的音乐厅或是地铁站等很多地方都会举办古典音乐会。由于每个节目时长都比较短，因此初学者也可尽情欣赏。

10月下旬～11月下旬 松岛红叶夜间点灯仪式
在元通院庭园和瑞严寺洞窟群等松岛主要的红叶观赏景区，夜间的点灯活动将持续约1个月的时间。期间还会举办各种丰富多彩的活动。

上旬～31日 仙台光之盛典灯光秀
➡P.27·47
定禅寺大道上的榉木树上挂满了约十万颗LED彩灯，夜晚时分，美不胜收。

中旬～3月中旬 宫城藏王的雾凇之旅
可以参加乘坐雪上汽车观赏藏王名胜雾凇的巡航旅程。地址是在滑雪场SUMIKAWA雪上乐园。需要提前预约。(☎0224-85-3055)。

应季食材

芹菜(10月上旬～4月下旬)

仙台曲葱(11月上旬～3月下旬)

雪菜(11月上旬～4月上旬)

大眼金枪鱼(9月上旬～12月下旬)

牡蛎(10月上旬～5月下旬)

仙台草莓(12月上旬～5月下旬)

※活动日期会有所调整，因此请事先在活动主页上进行确认。

受人敬仰的伊达政宗建造的雅致城堡

SENDAI

仙台

せんだい

仙台不仅是东北地区的大门，也是前往众多观光胜地的交通枢纽。这里不仅是保存着伊达家族历史的人气景点，也是汇聚高端食物和商品的大都市。

被绿色装点的东北地区第一大都市

庆长6年(1601)，伊达政宗开始兴建仙台城。自此，在62万石大名伊达家族的带领下，仙台市作为城关镇逐渐发展起来。现在城市人口约108万，是日本东北地区经济规模首屈一指的中心城市。

仙台又被称为“杜之都(森林之都)”，从藩镇时代开始，这里就盛行在住宅等地栽种各种树木。但是，在第二次世界大战的空袭中，仙台市的树木被烧毁殆尽。在战后的城市复兴计划中，青叶大道和定禅寺大道两旁都栽种了榉树，从此，整座城市逐渐恢复了往日的绿色。

除了城市特有的魅力之外，仙台市内还有山、有海、有温泉，风光明媚，景点众多。此外，仙台市也是游客前往松岛和平泉观光的必经之地。

➡城市中心地带高楼大厦鳞次栉比

伊达家族的菩提寺建筑群

北山 ➡P.44

きたやま

在被称为“北山五山”的山地处，建有许多与伊达家族有关的寺庙神社，这里的风景四季各异，值得一览。

⬆轮王寺里宽阔的庭园

热闹的商业大厦和商业街

仙台站西口 ➡P.40

せんだいえきにしぐち

仙台站前的购物大厦和一番町的拱廊商业街是人气购物地区。每到夜晚，就有大量人群涌向这片复古的小巷。

⬆在仙台站西口处也可乘坐地铁和巴士

思慕伊达家族的幽静地区

仙台城遗址周边 ➡P.34

せんだいじょうあと

在仙台城遗址周边，还散布着仙台市博物馆、瑞凤殿等与伊达家族有关的景点。

⬆装饰华丽的瑞凤殿是供奉政宗的灵庙

交通信息

仙台市内的交通方式

如在仙台中心地带观光游览，建议乘坐在各个景点之间循环行驶的复古巴士LOOPLE仙台号。如准备前往郊外，可以乘坐东西线和南北线的两条地铁，或是驶向目的地的专向巴士。此外，出租车台数充足，也是出行的不错选择。

周边区间的交通

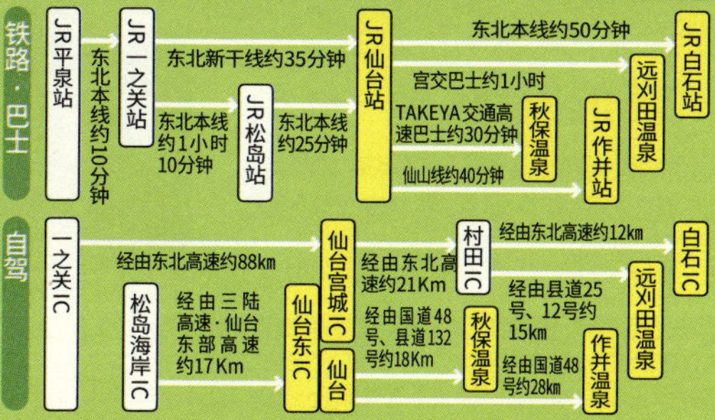

咨询电话

旅游中心

仙台市旅游信息中心
☎022-222-4069
作并·定义地区旅游中心
☎022-395-2052
秋保温泉乡旅游中心
☎022-398-2323
白石站旅游中心
☎0224-26-2042

交通中心

仙台市交通局咨询中心
☎022-222-2256
宫城交通（总部）
☎022-771-5310
JR东日本（咨询中心）
☎050-2016-1600

森林之都的代表大道

定禅寺大道

➡P.38

じょうぜんじどおり

大道两旁美丽的榉树林一直延伸到远方。道边有景致的咖啡厅，每到12月，这里的灯光秀更是不容错过。

车道中间的隔离带已经变成了林木青葱的人行道

东北首屈一指的游乐一条街

国分町

➡P.68

こくぶんちょう

在这条东北首屈一指的游乐一条街上，分布着大大小小约3000家饭店、居酒屋、酒吧和小吃店。

这一区域自古便是仙台的商业中心

走出仙台

这一地区是日本有名的风景胜地，以藏王连峰山脉为中心，仙台周边分布有很多可以享受到美丽自然与治愈系温泉的景点。

仙台的内客厅

秋保温泉

あきうおんせん

拥有1500年的悠久历史，是日本皇室的御用温泉之一。溪谷中流水潺潺，四季风景变化美不胜收。

➡P.84

历代仙台藩主的隐秘之汤

作并温泉

さくなみおんせん

18世纪由伊达藩主发掘。这里有很多露天温泉可供游人一边眺望溪谷野趣一边泡汤。

➡P.88

胜景与隐蔽居所中的温泉之乡

远刈田·藏王温泉

とおがった·ざおうおんせん

藏王连峰山脉东麓分布有很多风景雄壮的名胜。远刈田温泉也很有人气，在这里能让人放松心灵，思绪飘逸。

➡P.92

城关镇的余韵保留至今

白石

しろいし

白石市是作为白石城的城关镇而逐渐发展起来的，市内分布有很多武家的住宅等历史遗迹。此外，市内还有许多温泉设施。

➡P.96

城市再开发中值得关注的区域

仙台站东口

➡P.42

せんだいえきひがしぐち

在这一区域中不仅建有与车站直接相连的大型购物中心，还有其他主题公园和有现场音乐演奏的酒吧等娱乐场所。

榴冈天满宫等历史遗迹也很有参观价值

游览仙台市内

LOOPLE仙台号（环形巴士）

充满复古情调的LOOPLE仙台号把仙台市内的主要观光景点都连接了起来，非常适合初次来仙台旅游的人群。巴士车次充足，而且只要购买了一日乘车券，就能无限次乘车。

仙台号的车体设计是行驶在马路上的电车风格，绿色的车皮与树木青葱的仙台街道相得益彰

所谓LOOPLE仙台号

是在仙台中心地带的观光景点循环行驶的观光巴士，它的外观特意设计成具有复古情调的样式。始发站是仙台站前，之后会在瑞凤殿、仙台城遗址和大崎八幡宫等地之间环行。巴士的运营时间是**9:00～16:00**，**每隔20分钟一班（周六、周日、节假日和8月期间每隔15分钟一班）**

车票和乘车方法

车票 **单次乘车是260日元**，购买无限次乘车**一日乘车券是620日元**。此外还有和仙台市地铁可以共用的一日乘车券是900日元。（参考P33原书页码）

车票购买地点 除仙台站西口的巴士停车场旅游中心之外，游客还可以在各仙台市交通局营业所和仙台市内的23家宾馆购买车票。

乘车地点 仙台站前的乘车地点是在**西口巴士停车场第16号乘车口**。在其他站点乘客只需找到红色的“LOOPLE仙台号”标志即可。

乘车方法 单次乘车，车费**需在下车时支付**。Suica西瓜卡、Pasmo卡和icsca卡（麻雀卡）等IC卡都可以在车上使用。如果使用一日乘车券，**那么第一次下车时把车票插入打卡机，上面就会打印出乘车日期**。之后再次乘坐时，只需在下车时把车票上的日期向乘务员出示即可。

购买一日乘车券不仅可以方便地随时换乘，车票本身还是一张打折卡，可以在其他设施处享受优惠

LOOPLE仙台号一日乘车券的优惠

只要在仙台号行驶路线上的景点处出示一日乘车券，就可以享受相应的优惠政策。

瑞凤殿（参观门票减免100日元），仙台市博物馆（适用于常设展览馆或团体参观），青叶城资料展示馆（参观门票减免200日元），仙台市战灾复兴纪念馆（适用于资料展示室的团体参观门票），宫崎县美术馆（适用于常设展览或团体参观），大崎八幡宫（赠送彩绘明信片），仙台大都会酒店·仙台蒙特利酒店·仙台威斯汀酒店（餐饮费用享5%的优惠），DATE BIKE（租用自行车1日游减免200日元），日本料理饭店仙台（餐饮费减免100日元）等。

咨询电话
仙台市交通局查询中心 ☎022-222-2256

仙台市地铁

简单明了的南北线和东西线两条地铁，也非常适合游客出行。

2015年开始运营的东西线

路线与车费

仙台市内的地铁有南北线和东西线两条线路。正如名称所示，以仙台站为中心，这两条线路分别向东西和南北两个方向延伸。乘车费用是**从仙台站开始3站以内均一价200日元，最远区间收费360日元**。购买无限次乘坐的**一日乘车券是840日元(周六、周日及节假日是620日元)**。

地铁一日乘车券的优惠

在以下地点出示一日乘车券，即可享受购买门票的优惠。优惠金额根据地点不同有所变化。

仙台市博物馆、仙台市历史民俗资料馆、3M仙台市科技馆、八木山动物园、仙台市野草园、仙台市战灾复兴纪念馆(资料展示室)、富泽遗迹保存馆(地下森林博物馆)、仙台文学馆和仙台市绳文之林广场等。

一天内乘坐4次地铁即可回本

咨询电话

仙台市交通局查询中心 ☎022-222-2256

其他交通方式

市营公交

与地铁一样，市营公交也是仙台市内的主要交通方式。在仙台市内的中心地带有一片"120日元区间"，在这一区域内单次乘车只需120日元，非常适合近距离的行程。可无限次乘坐的一日乘车券分为市内区券640日元和近郊区券980日元。只要出示一日乘车券，就可以享受部分景点的门票优惠。

咨询电话

仙台市交通局查询中心 ☎022-222-2256

DATE BIKE(日租自行车)

租用一台电动自行车，就可以很方便地规划自己的行程。在仙台市内的56个租赁点，游客可以在任何一处租赁和返还自行车。

☎0120-116-819(DATE BIKE运营事务局)

运营时间 8:00～22:00(除一部分的租赁点)

费用 1日租金1029日元、半日租金515日元(14:00以后)

租车

如准备前往松岛或三陆方向，租车出行比较方便。

JR站租车 ☎0088-252-555／☎03-5298-8245(付费)

丰田租车仙台 ☎022-291-0100

日产租车 ☎022-257-4123

人力自行车

对环境友好的人力自行车在4月～11月期间运营。使用范围是从仙台站起半径2km之内的区域。自行车定员成人2名，儿童1名。

☎070-5623-8012

运营时间 11:00～日落时分

费用 起步价1人300日元，2人500日元、；行驶范围每超过100m增加50日元，租赁时间超过预定1小时增加5000日元

出租车

仙台站前有很多出租车停靠，打车十分容易。如行李较多时打车比较方便。

第一交通 ☎022-236-1221

仙台出租 ☎0120-74-1616

稻荷出租 ☎022-241-1121

价格优惠的自由乘坐车票&通用乘车券

如果准备乘坐多种交通工具，那么就有必要了解一下可以无限乘坐的车票。一般购买这种车票还可以享受相应景点的优惠。

LOOPLE仙台号·地铁通用乘车券

使用这种车票可以在一日内无限次乘坐LOOPLE仙台号与仙台市地铁。推荐需要频繁往来的人群使用。

☎022-222-2256(仙台市交通局查询中心) **费用** 900日元

购票地点 仙台站西口巴士停车场旅游中心及仙台市地铁售票窗口

使用这种乘车券可自由选择出行方式，十分便利

走遍仙台乘车券

使用这种乘车券可以在两日内无限次乘坐仙台机场区间线和仙台近郊线区间JR新干线，LOOPLE仙台号巴士、仙台市地铁、市营公交、宫城交通巴士仙台～秋保大瀑布路线和阿武隈急行列车的一部分路线。乘车券还附带赞助景点的优惠券，十分合适。

☎022-268-9568(走遍仙台乘车券运营协会事务局)

费用 2670日元 **购票地点** 仙台站、仙台机场站、自由乘坐区间内的旅游服务中心(View Plaza)及大型旅游公司等。

使用这种车票还能乘坐仙台机场区间线，十分方便

路线地图和宣传册也可以在网络主页上下载

仙台城遗迹周边

せんだいじょうあと

从象征桃山文化的灵庙到俯瞰街巷的城池遗迹

寻找“独眼龙”的威风

仙台城由伊达政宗所建，此后世代藩主都生活在这座城内。登仙台城遗址，拜访保留着伊达男儿独特气质的灵庙。

俯瞰全城的丘陵地带仍存有伊达家族的痕迹

青叶山从西南方向俯瞰着仙台市，而仙台城正建于青叶山之上，因此它也被称为“青叶城”。除零星的残垣断壁之外，仙台城的主体建筑已经在空袭中烧毁，如今，只在本丸遗址上还存有一些大广间(大厅)的基石。在三之丸遗址上建有仙台市博物馆，这里陈列着很多与仙台藩镇有关的历史遗物，让人不禁对江户时代的风景心驰神往。

提到与伊达家族相关的地方，自然不能忽略位于经峰上的瑞凤殿，经峰处于青叶山与广濑川之间。这里至今仍然保留着从初代藩主至后面三代藩主的灵庙。

雕刻色彩华丽到极致，这种装饰风格在三大殿之内也得到保留

瑞凤殿
ずいほうでん
墓地的中心

是仙台初代藩主政宗的灵庙。建筑完工于1637年10月，即政宗去世后约一年多的时间。

正殿入口涅槃门

华丽灵庙至今仍向人们展示着桃山文化

瑞凤殿
ずいほうでん

陡峭的坡道上建有3座装饰华丽的灵庙
在杉木林深处，向政宗之魂致敬

灵庙装饰绚烂夺目，仿佛政宗去世后仍在守护着仙台城

1636年，值仙台藩初代藩主伊达政宗去世之际，人们遵从政宗遗言，为他修建了一座朝西的灵庙，这座建筑仿佛是在静静注视着仙台城。此后，二代藩主忠宗和三代藩主纲宗都葬在了这里。现存建筑是“二战”后重建的，色彩鲜艳的雕刻和装饰花纹，至今仍向人们展示着它当初的辉煌。

MAP 附录 P.6 C-4

☎022-262-6250　所仙台市青叶区灵庙下23-2　开9:00～16:30（12月～1月期间开放至16:00）　休全年无休　票550日元　交在JR仙台站乘坐LOOPLE仙台号巴士约15分钟，在瑞凤殿前下车　P有

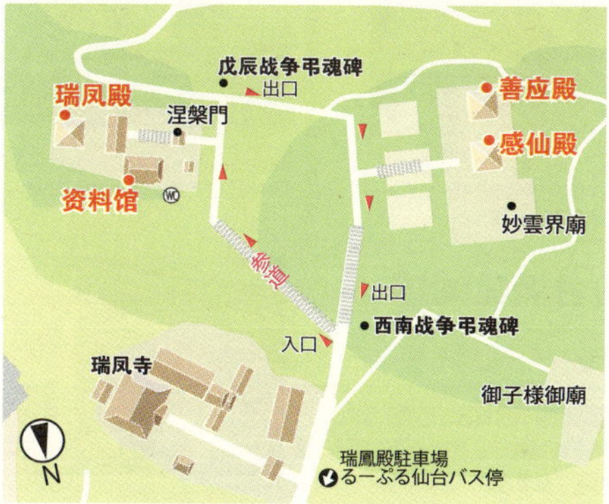

感仙殿
かんせんでん
一代明君忠宗的灵庙

是2代藩主忠宗的灵庙。建筑主体朝向东侧的瑞凤殿正殿，仿佛是忠宗在向父亲政宗表达哀思。

建筑位于台阶的尽头

善应殿
ぜんのうでん
最后的灵庙

是3代藩主纲宗的灵庙。与其他两座灵庙不同，装饰上没有采用九曜纹饰，而是选择了竖向的三引两纹，天女形象也替换成了凤凰。

建筑位于山林深处

资料馆
しりょうかん
发现政宗的真实形象

这里陈列着从瑞凤殿发掘出的陪葬品。通过对遗骨的技术处理，游客还能看到3代藩主的复原像。

爬上陡峭的山坡才能到达这里，因此资料馆也可供游客休息

参观小贴士

殉葬者供养塔

较大的佛塔是直臣的供养塔，较小的佛塔则是为直臣殉葬的陪臣供养塔

位于瑞凤殿和感仙殿两侧的佛塔，是在藩主死后殉葬的家臣供养塔。但是，善应殿里并没有佛塔，这是因为在3代藩主纲宗去世时，幕府已经下令禁止殉葬。

从过去的城关镇仙台市中心地区也能眺望到太平洋

青叶山上的日不落名城

仙台城遗迹

せんだいじょうあと

仙台城曾是日本国内首屈一指的名城，400年风风雨雨，名将一直在守护它

"独眼龙"政宗像

由战国英雄所建的古老遗迹，如今已经成为能够俯瞰全城的眺望台

作为伊达政宗的居所，仙台城建于1601年，别名"青叶城"。内城本丸处曾建有被称为"千畳敷"的大厅，政宗去世后又加建了二之丸、三之丸，但历经明治火灾和仙台空袭等灾难，建筑基本烧毁殆尽，只留下了一些残垣断壁。本丸遗迹上伫立着伊达政宗骑马像，另有资料馆和护国神社镇守这片土地。如今，这里已经成为有名的城市眺望台。

MAP 附录P.6 A-4
☎022-222-0218（青叶城本丸会馆）
所 仙台市青叶区川内1
开 休 票 可自由参观（各景点有所不同）
交 在仙台站前乘坐LOOPLE仙台号巴士约22分钟、在仙台城遗址下车即到／从地铁国际中心站步行约18分钟 P有

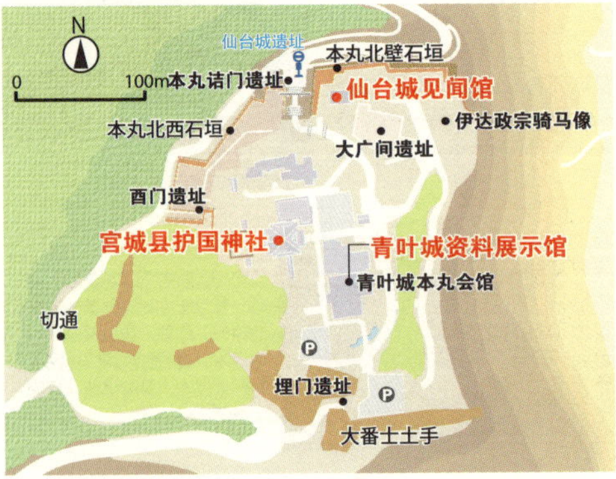

参观小贴士

仙台第一的夜景眺望台

夜间，游客可以在这里欣赏到如宝石般闪耀的仙台夜景全景。政宗骑马像和石墙处会点亮彩光，直到23时才结束。

高楼林立的大都会夜景让人十分感动

青叶城资料展示馆

あおばじょうしりょうてんじかん

很有人气的CG影院

资料馆里设有商店和餐饮处。在CG影院里还能看到通过最新技术复原的高清影片《谨制仙台城》。

这里能够欣赏到通过CG技术复原的仙台城

宫城县护国神社

みやぎけんごこくじんじゃ

祭奠出身乡间的灵魂

护国神社建于1904年，是为出身乡下的战场牺牲者而建的招魂社。其正殿是从伊势神宫搬迁过来的。

神社建于青叶城本丸会馆旁

仙台城见闻馆

せんだいじょうけんぶんかん

了解仙台城的历史

这里展示着仙台城建城和城关镇的历史，同时还陈列着许多发掘调研的资料。馆里有相关录像放映，通俗易懂。

轻松学习仙台城的历史

馆内除志愿者讲解员之外，游客还可通过触屏电脑了解相关信息

包括国宝在内的珍贵资料不容错过

仙台市博物馆

せんだいしはくぶつかん

每季都会替换的常设展览品约有1000件
展品质量很高

政宗所穿戴的具足甲上装饰有闪耀着金色光芒的弦月状前立
※此展品展览时间需提前咨询

与伊达家族和仙台城有关的展品资料十分丰富
收录于联合国记忆遗产的珍贵国宝更是不容错过

博物馆藏有约97000件由仙台伊达家族捐赠的文化财产和其他与仙台历史、文化相关的资料文物，其中包括收录于联合国记忆遗产的日本国宝庆长遣欧使节相关资料、重要文化财产伊达政宗所穿戴的具足甲和阵羽织、丰臣秀吉所穿戴的具足甲、三泽初子所用的腰带等。每年，博物馆还会举办数次特别展览。

MAP 附录P.6 A-3
☎022-225-3074 所仙台市青叶区川内26 开9:00～16:45（入馆时间最晚截止到16:15）休周一（遇节假日推后一日）票460日元 交从地铁·国际中心站步行约8分钟 P有

仙台城三之丸遗迹。庭院中立有政宗半胸像和鲁迅像等

探访周边城池遗址

仙台城遗址占地广阔，至今仍有遗迹残留。不妨来这里感受一下江户名城的风采。

大手门胁橹（侧箭楼）

1967年，人们对美丽的箭楼外观进行了复原工作，重绘了墙上的白漆。春季，这里是赏樱胜地。

清水门石墙 しみずもんいしがき

位于巽门和泽门之间，过去这里曾有地下水涌出，因此得名。石墙使用未经打磨的天然石头垒起来，一般被认为是建城初期保留下来的建筑。

北壁石墙 ほくへきいしがき

石墙最高处约17m，全长约179m，由切割整齐的石头堆积而成，平成年间曾进行修复。现存结构是依照1668年进行修复时的原貌重建的。

离开仙台城前往政宗所建的神社

大崎八幡宫

おおさきはちまんぐう

1607年在政宗的命令下所建，豪华绚烂的社殿是安土桃山时代的建筑，被指定为日本国宝。社殿前的长床是日本重要文化遗产。

MAP 附录P.4 B-2
☎022-234-3606 所仙台市青叶区八幡4-6-1 开休票免费参观 交在JR仙台站乘坐市营公交，在大崎八幡宫站下车即到／从JR国见站步行15分钟 P有

石鸟居是宫城县认证的物质文化遗产

全日本规模最大的火祭

松焚祭

まつたきまつり

每年1月14日举行，庆典上会焚烧门松等装饰品，祈愿新年无病无灾。"裸身参拜"的游行十分有名。

正殿周身涂有黑漆，上面装饰有雕刻、金具饰物和用贝壳烧制的彩色涂料绘制的图画

"森林之都"的代表性街道

定禅寺大道

じょうぜんじどおり

一条蜿蜒在高楼之间的绿色散步大道

富有文化气息的榉木林荫道

じょうぜんじどおり

通往定禅寺大道

都市繁忙的大道中间，一条绿意盎然的散步小路
流连在人气咖啡厅和杂货铺之间
在榉木林中享受穿过树叶洒下的阳光，悠闲自得

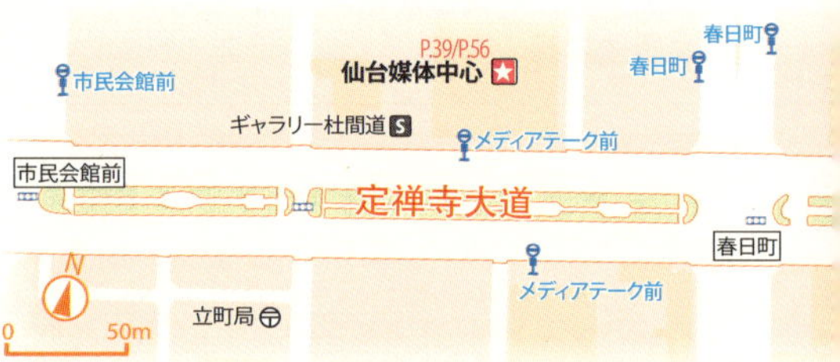

一边散步，一边购物
红叶的季节浪漫非常

定禅寺大道横穿办公区，两旁的榉木枝叶繁茂，十分美丽。在勾当台公园和西公园之间约700m的中央分隔带，被设计成一条夹在林荫道间的人行道。阳光穿过树叶，洒下点点金光，人们在这里悠闲散步，欣赏道旁伫立的雕刻作品，或是在长凳上休息。沿路设有很多时髦的咖啡厅和人气商场，在这里也可尽享购物的乐趣。9月的爵士音乐节和12月的光之盛典灯光秀等活动更是让这里热闹非常。

中央分隔带也是户外美术馆

包括埃米利奥·格列柯(Emilio Greco)的作品在内，人行道两边的青铜雕刻作品，都是由世界各地的艺术家通过实地观察亲手创作的作品。有了这些艺术作品的装点，林荫道变得更加精致而时尚。

可以近距离观赏榉木林荫道的红茶专卖店

Ganesh Tea Room

P.39 A

MAP 附录P.8 C-3

印度的大吉岭是著名的红茶产地，而这家红茶店所采用的正是在大吉岭西部城市加尔各答的茶叶。作为一家红茶直营店，窗外的美丽街景也为它加分不少。

独特的茶叶蛋糕组合定价1296日元，其中包括3种甜点和饮料

☎022-263-2467 所仙台市青叶区国分町3-3-3 第3菊水大厦2F 营10:00～20:00(灯光秀期间延长至22:00) 休全年无休 交从地铁·勾当台公园站步行3分钟即到 P无

暖意融融的店内装修。吧台坐席是能够欣赏榉木林荫道的一等座

与艺术进一步接触

仙台媒体中心

MAP 附录P.8 B-3

媒体中心是一座多功能建筑，这里既是各种艺术活动的据点，也是艺术领域的信息交流中心;同时，馆内还配备了图书馆、画廊和咖啡厅等各种设施。

☎022-713-3171 所仙台市青叶区春日町2-1 开9:00～22:00(各楼层开放时间有所不同) 休每月第4个周四 票免费 交从地铁·勾当台公园步行6分钟即到 P有

充满现代感的建筑外观由建筑师伊东丰雄所设计

勾当台公园

こうとうだいこうえん

MAP 附录P.9 D-2

园内有宽阔的广场和花坛，雕刻作品随处可见，非常适合游人小憩。园内根据季节变化还会举办很多活动。

☎022-225-7211 所仙台市青叶区本町3-9-2外 开休票随时可免费入园 交从地铁·勾当台公园站下车即到 P无

雕刻作品在园内的休息区随处可见

巧用当季食材的意大利冰淇淋和泡芙专门店

Pâtisseries Glaces Kisetsu

P.39 C

パティスリー グラス キセツ

MAP 附录P.9 E-2

店内应季推出的泡芙和意大利冰淇淋售价均为380日元。意大利冰淇淋每天都有6种不同口味供应，同时店里还提供外卖服务。此外，使用当地食材亘理草莓制作的甜点也很受欢迎。

☎022-302-6595 所仙台市青叶区本町3-2-4 营11:00～19:00 休周一(如遇节假日推后一日) 交从地铁·勾当台公园步行2分钟即到 P无

顾客也可选择在店内堂食

平日里泡芙约有7～8种口味可供选择，根据季节变化商家会提供不同口味

一盒意大利冰淇淋里有2个球(图中右上角)，售价400日元;其他两个甜点是柠檬(中)和海盐太妃糖口味的闪电泡芙

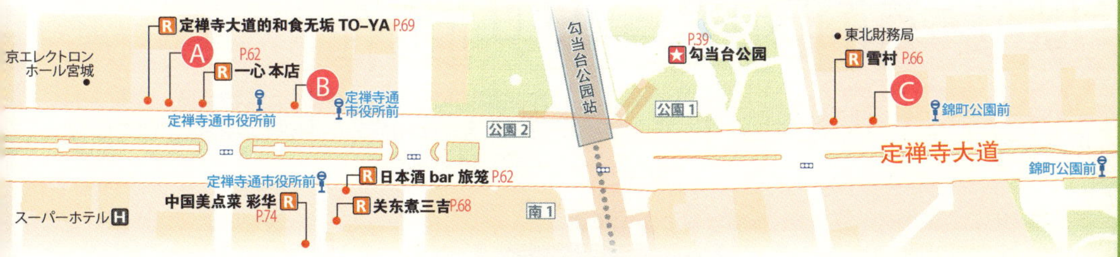

定禅寺大道上开业超过30年的人气咖啡厅

Café De Garcon

P.39 B

MAP 附录P.8 C-3

白炽灯洒下暖暖的灯光，刻有美丽木纹的吧台静候佳客。从窗边的卡座可以眺望窗外的榉木林荫道。这家咖啡厅在定禅寺大道上很有人气，店里的调和咖啡提供温和、强烈两种口味，售价均为550日元。

☎022-224-5783 所仙台市青叶区国分町3-2-2 及川大厦2F 营11:30～23:00(周日、周一、假日营业至19:00)、截止到歇业前的30分钟 休每月第2个周日 交从地铁·勾当台公园站下车步行2分钟即到 P无

能够看见榉木林荫道的窗边位置最受欢迎

生奶酪蛋糕和调和咖啡的套餐定价900日元

盛装在高脚杯中的维也纳咖啡定价700日元

橡木材质的吧台配上桌椅等家具，为店内打造了一种柔和放松的气氛

车站周边是东北地区首屈一指的商业圈

仙台站西口

せんだいえきにしぐち

欢乐一条街·国分町交通十分便利

一番町四丁目商店街

いちばんちょうよんちょうめしょうてんがい

是位于定禅寺大道和广濑大道之间最早的东北地区拱廊购物街。这里既有从过去一直保留下来的售卖刀具和毛线的老店，也有时髦的小型法式餐馆和各种娱乐设施。

MAP 附录P.9 D-3

☎022-223-2366 所仙台市青叶区一番町4 营休各商家时间有所差别 交从JR仙台站步行16分钟／从地铁·广濑大道站步行5分钟 P有

交通便利的城市中心地带

从站前商圈到拱廊街 逛街、购物

车站周边既有高品位的时尚购物大厦，也有一片由6条商业街组成的巨型拱廊购物区，快来仙台的购物区逛逛吧。

享受购物乐趣的秘诀在于熟知拱廊街的商家地图

拱廊街从站前开始呈T字型分布，在这里即便遇到恶劣天气也可尽情购物，拱廊街以北是欢乐一条街——国分町，往西是樱之西公园，往南是高等学府东北大学。在主干道之外的小路上还有很多充满个性的小店，能否找到它们也是逛街的乐趣之一。走累了，就请停下来品尝一下当地特产毛豆泥麻薯和煎茶吧。

岔路上的买手店

Vlandome一番町

ぶらんど～むいちばんちょう

购物街一直延伸到广濑大道，街道两旁均是有名的品牌商家。进入岔道，则会发现这里藏着很多服装、杂货类的买手店。

MAP 附录P.10 B-1

☎022-265-5146（一番町一番街商业街） 所仙台市青叶区一番町3 营休各商家营业时间不同 交从JR仙台站步行14分钟／地铁·青叶通一番町站下车即到 P有

昭和情怀与潮流尖端并存

Sun Mall一番町商业街

サンモールいちばんちょうしょうてんがい

位于南北纵向延伸的一番町商业街南侧。除了时髦的服装店以外，街上还有很多年轻人聚集的现场演出场所；在旁边的小巷中还藏有不少带有复古情调的小酒吧。

MAP 附录P.10 B-3

☎022-227-4851 所仙台市青叶区一番町2 营休各商家营业时间不同 交从JR仙台站步行14分钟／从地铁·青叶通一番町站下车即到 P有

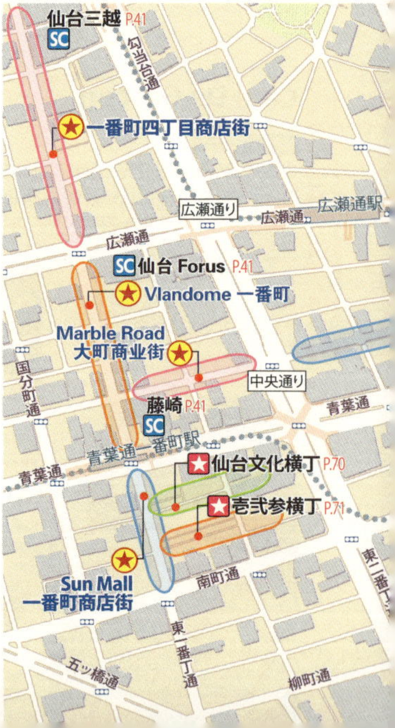

在头顶上流淌的风琴声
Marble Road大町商业街
マーブルロードおおまちしょうてんがい

位于东二番町大道以西的商业街。街上著名品牌鳞次栉比，奢华感十足。拱廊街的高处设计有台阶装置，每月这里会举办现场风琴演奏会。

MAP 附录P.10 B-1

☎022-225-0227 所仙台市青叶区一番町3
营休各商家营业时间不同 交从JR仙台站步行11分钟／从地铁·青叶通一番町站步行3分钟 P无

遇见福神“仙台四郎”
CLIS ROAD商业街
クリスロードしょうてんがい

从东五番町延续到东二番町的商业街。街上多为销售生活用品的商店，从早到晚客流不息。位于商业街中部的三泷山不动院别具一格，打造出一个独特的异空间，十分有趣。

MAP 附录P.10 C-1

☎022-223-2894 所仙台市青叶区中央2
营休各商家营业时间不同 交从JR仙台站步行6分钟／从JR仙台站步行3分钟 P有

紧邻仙台站的“AER眺望台”

位于紧邻车站的高层大厦AER第31层的免费眺望台。在这里仙台城区一览无余，天气晴朗的时候甚至能够看见藏王连峰和仙台湾，同时这里也是欣赏夜景的好去处。

MAP 附录P.11 E-1

☎022-724-1111 所仙台市青叶区中央1-3-1 AER31F
开10:00～20:00
休全年无休 票免费
交从JR仙台站步行3分钟
P有

全玻璃构造的露台也是约会的好去处

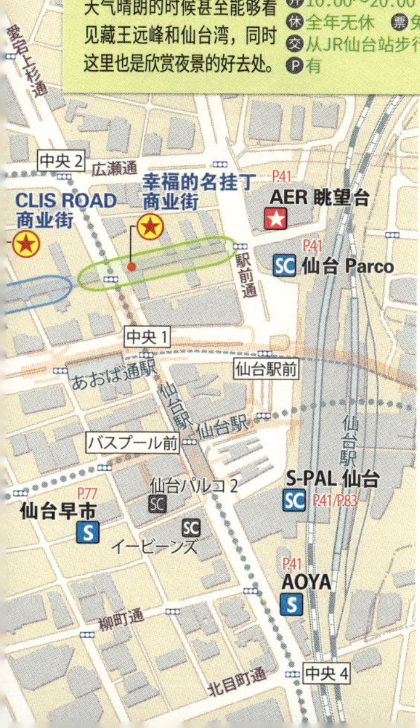

拱廊街漫步的入口
幸福的名挂丁商业街
ハピナなかけちょうしょうてんがい

位于从仙台站西口呈T字型分布的拱廊街购物区的入口。“名挂丁”三个字来源于在伊达藩镇负责城下防卫的武士集团的名称。在这里可以体验到当地的美食和各种娱乐项目。

MAP 附录P.11 D-1

☎022-222-2075 所仙台市青叶区中央2 营休各商家营业时间不同
交从JR仙台站步行3分钟／JR青叶大道站下车即到 P无

仙台站西口周边的
购物商场

从潮流尖货到当地特产
高品位的商品与便利的交通赢得了超高人气

S-PAL仙台 ➡P.83
エスパルせんだい

MAP 附录P.11 E-2

与仙台站直接相连，无论是餐饮或是购物都十分方便。地下特产购物区于2018年11月进行了翻新。

藤崎
ふじさき

MAP 附录P.10 B-2

位于拱廊购物区中心地带的老字号百货店。从潮流服装到化妆品、当地特产等各种商品应有尽有。

仙台三越
せんだいみつこし

MAP 附录P.9 D-3

位于勾当台公园对面，定禅寺大道上的百货店。来到这里一定不要错过Food Garden(餐饮花园)里的各种当地美食。

仙台Parco
せんだいパルコ

MAP 附录P.11 E-1

商场分为紧邻车站的本馆和通过天桥连接的Parco2两部分。这里高级的时尚服装品牌应有尽有，让人应接不暇。

仙台Forus
せんだいフォーラス

MAP 附录P.10 B-1

商场内经营男士用品、女士用品、珠宝首饰和各种杂货的店铺约有100间。这里聚集了很多充满个性的品牌，因此也被称为时尚信息发送基地。

在车站附近的“AOYA”品尝宫城县的“美味”

这里不仅有销售当地农产品的直营店，还设有餐厅和各种副食店。游客在这里可以充分体会到宫城县物产丰富的特点。

“VALNICO”餐厅用时尚的意大利菜烹饪方式来呈现当地食材的美味

MAP 附录P.11 E-3

☎022-724-7803 所仙台市青叶区中央1-1-5 营10:00～20:00 休全年无休 交从JR仙台站步行5分钟 P无

渐渐发生变化的仙台站东口探访新与旧的观光景点

乐天生命 Park 宫城。在棒球第7回比赛结束后，满场都会飘起红色的喷射气球

体育场也是赏樱胜地乐趣多多

除探访历史古迹以外，在车站东口还建有专业性体育场、人气动漫博物馆和古董交易青空市场等各种设施，游客将在这里收获丰富的心灵体验。

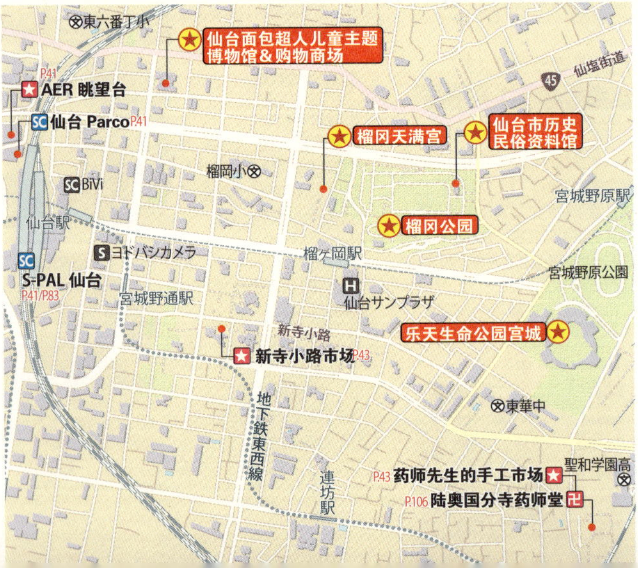

位于车站左后方的微笑固力果公园(Smile Glico Park)，无论是老人或是孩童都可以在这里尽情享乐

乐天生命Park宫城

らくてんせいめいパークみやぎ

MAP 附录P.5 E-3

在年年翻新的棒球场上体验主赛场粉丝的热情

这里是日本职业棒球东北乐天金鹰队的大本营。体育场里有天然的草地，看台可容纳3万多人。观众席分为不同级别，同时还配备了各种餐饮店和小卖店。如果能够参加棒球场团队游的话，那么观看比赛将会变得更加有趣。

☎050-5817-8100 所仙台市宫城野区宫城野2-11-6 开棒球场团队游10:00～17:00(全程约1小时) 休棒球场团队游举办日期需在网站上提前确认 票棒球场团队游费用需在球队网页上查询 交从JR宫城野原站步行5分钟 P有(比赛日实行预售制，非比赛日实行自助停车制)
URL https://www.rakuteneagles.jp/

盛放期的垂樱。每到樱花季节，宽敞的园内总是挤满前来赏花的游客

榴冈公园

つつじがおかこうえん

MAP 附录P.5 E-3

园内360株樱花宣告东北地区春天的来临

为了表达对仙台藩第四代藩主纲村之母三泽初子的追思，继释迦堂之后，人们又在这里种植了1000株垂樱。此后，历经昭和年间的数次扩大种植，这里逐渐成为仙台有名的赏樱之所。

☎022-291-2111(仙台市宫城野区建设部公园科) 所仙台市宫城野区五轮1 开休票全年开放，免费 交从JR榴冈站步行3分钟 P有

榴冈公园入选日本都市公园前100名评选，是当地市民休憩的好去处

榴冈天满宫

つつじがおかてんまんぐう

MAP 附录P.7 F-3

松尾芭蕉也曾到访的仙台天神信仰的中心地

仙台藩第四代藩主纲村把原本位于仙台东照宫的天神社搬迁到了榴冈。现在，天满宫内主要祭祀学问之神菅原道真，院内有一座"笔塚"，传说与被称为"书法三圣"之一的道真公有关；另有一头"抚牛"，据说只要抚摩它就能带来好运。

在朱红色的唐门东侧，有一排挂满祈祷学业有成的绘马架

☎022-256-3878 所仙台市宫城野区榴冈105-3 开休票可自由参拜 交从JR榴冈站步行3分钟 P有

仙台面包超人儿童主题博物馆&购物商场

せんだいアンパンマンこども博物館＆モール

MAP 附录P.7 F-2

可以放心让儿童尽情玩耍的地方，体验面包超人的世界

该博物馆重现了人气动画——面包超人的世界。平成29年(2017)，博物馆新建成了一座"细菌秘密基地"。此外，馆内还出售相应的角色周边商品和食品。

☎022-298-8855 所仙台市宫城野区小田原山本丁101-14 开博物馆10:00～17:00(入馆最晚时间为16:00)、购物商场10:00～18:00、面包超人&PEKO(不二家的牛奶妹)的厨房10:00～19:00(LO18:00) 休全年无休(偶尔会有临时休业) 票博物馆&细菌秘密基地通用券1296日元，购物商场免门票 交从JR仙台站步行9分钟／从地铁宫城野大道站下车步行7分钟 P有

细菌秘密基地有时会举办特别活动

走进入口，面包超人的世界迎面而来

©柳濑嵩／福禄培尔(Froebel)馆·TMS·NTVNTV

新寺小路市场

这里也很吸引人哟！

しんてらこみちいち

MAP 附录P.7 F-3

寺院旁的绿化道上各式小店琳琅满目

每月的28日，在绿意盎然的新寺小路上，都会聚集起很多各式各样的小商品店。销售商品主要为蔬菜、手工面包、烘焙点心和木质工艺品等。7月份时还有热闹的夜市。4～12月(预计)，这里还会举办游客给山羊喂食的"与山羊的亲密接触之广场"活动。

☎非公开 所仙台市若林区新寺2 开每月28日10:00～15:00 休若天气恶劣时可能提早结束 交从JR仙台站步行10分钟 P无 URL www.komichiichi.com

穿插在寺院街中间的绿化道也很适合散步

药师先生的手工市场

おやくしさんのてづくりいち

MAP 附录P.5 E-4

在历史悠久的寺院内举行的集市

每月8日，在日本国家指定重要文化遗产——陆奥国分寺药师堂(P.106)都会举行缘日大护摩祈祷仪式，同时院内还会组织起手工市场。这时，约有150家售卖手工食品和各式杂货的摊位。

☎非公开 所仙台市若林区木之下3-8-1 开每月8日10:00～15:00 休天气恶劣时可能提早结束 交从地铁·药师堂站步行3分钟即到 P有 URL www.oyakushisan.com

从远方赶来的游客络绎不绝，院内热闹非凡

仙台市历史民俗资料馆

せんだいしれきしみんぞくしりょうかん

MAP 附录P.5 E-3

传承仙台的历史与文化

榴冈公园内，有一座雅致而又引人注目的白色西式建筑，这就是仙台市历史民俗资料馆。这里收藏有约2000件历史文物，包括展示了明治以后平民阶层的衣食住行、祭礼和文化方面的民俗资料，以及与战争、和平有关的战时相关资料等。

☎022-295-3956 所仙台市宫城野区五轮1-3-7 开9:00～16:45(入馆最晚时间为16:15) 休周一(遇节假日正常营业)、节假日翌日(周六、周日正常营业)每月第4个周四 票240日元 交从JR榴冈站步行5分钟 P有

这是宫城县内最古老的西式木结构建筑，过去曾是陆军士兵宿舍，后改建为资料馆

馆内除民俗资料的展示外，还有一个提供各式玩具的体验区

北山 きたやま

伊达家族的古刹神社鳞次栉比

资福寺山门

行程◆约40分钟
推荐线路

- 北仙台站
- ⬇徒步约20分钟
- 1 轮王寺
- ⬇徒步约5分钟
- 2 资福寺
- ⬇徒步约2分钟
- 3 觉范寺
- ⬇徒步约2分钟
- 4 青叶神社
- ⬇徒步约3分钟
- 5 东昌寺
- ⬇徒步约3分钟
- 6 光明寺
- ⬇徒步约5分钟
- 北仙台站

繁花朵朵开 散步寺院街

北山丘陵地区是仙台城关镇的北部防线，分布有很多寺院建筑。探访与伊达家族因缘颇深的北山五山，追忆悠久历史里的繁华。

1 轮王寺 りんのうじ

历经盛衰再次兴盛的著名园林

这是伊达家政宗夫人的菩提寺。在伊达家族的庇护下，作为曹洞宗的一大业林，轮王寺曾经驰名一时，后在1876年的一场大火中焚烧殆尽。历经长时间的荒废后，1915年，轮王寺得以重新修建。目前，院内还有一座白虎队唯一的幸存者饭沼贞吉之墓。

MAP 附录P.4 C-2

☎022-234-5327
所 仙台市青叶区北山1-14-1 开 8:00～17:00 休 全年无休 票 300日元 交 从JR仙台站乘坐市营公交环北山子平町线约20分钟、轮王寺前下车即到／从地铁北仙台站下车步行20分钟 P 有

⬆东北地区有名的禅宗庭园。四季景色各有千秋

➡寺院定期开展一般信者也可参加的抄经会和坐禅会

2 资福寺 しふくじ

满园绣球花开美不胜收

资福寺本是作为位于山形县高畠的建长寺末寺而兴建的，但是随着伊达家族被转封到仙台，由于伊达政宗之师虎哉宗乙的缘故，资福寺得以再次修建，并最终搬迁到现在的地方。每年6月下旬至7月的花开时节，院内前来赏花的游客络绎不绝，因此资福寺也别称绣球花寺。

MAP 附录P.4 C-2

☎022-234-5730
所 仙台市青叶区北山1-13-1 开 休 票 可自由参拜 交 从JR仙台站乘坐市营公交环北山子平町线约20分钟、在轮王寺前下车步行5分钟／从地铁北仙台站下车步行15分钟即到 P 有

⬆墓地里也有自由民权运动家千叶卓三郎之墓

➡院内种植有约1000株品种各异的绣球花，花开时节美不胜收

穿过长长的参道和由仁王所守护的八角门，前往本堂

3 觉范寺
かくはんじ

寺内供奉有政宗之父的灵位，其母也长眠于这里

1585年，政宗之父伊达辉宗遭遇意外不幸身亡，觉范寺正是他的菩提寺。在本堂内，有政宗生母——保春院的陵墓和政宗第三子黑川城主伊达宗清的供养塔。

MAP 附录P.4 C-2

022-234-0829
所 仙台市青叶区北山1-12-7 开休票 可自由参拜 交 从JR仙台站乘坐市营公交环北山子平町线约20分钟，在轮王寺前站下车步行10分钟即到／从地铁北仙台站前步行13分钟即到 P 有

4 青叶神社
あおばじんじゃ

春季例行大典"青叶祭"

青叶神社建于1874年，是为祭祀伊达政宗而建，院内还建有祭祀其家臣的祖灵社。每到5月24日政宗的忌日这一天，寺内都会举行春季例行大典，十分热闹。

MAP 附录P.4 C-2

022-234-4964
所 仙台市青叶区青叶町7-1 开休票 可自由参拜 交 从地铁北仙台站下车步行11分钟 P 有

本殿中也同时供奉着政宗夫人的爱女

5 东昌寺
とうしょうじ

曾经干预藩政的五山之首

这里是伊达氏等四代大名伊达政依的菩提寺，寺院等级也属五山之中最高的一级。在位于本堂东北方向的参道上，种有巨大的丸之香榧树和赤松，其中这棵香榧树据说是政宗为驱灾辟邪特意栽种的。此外，院内仙台二代藩主——忠宗长子虎千代丸的陵墓也值得一看。

MAP 附录P.4 C-2

022-234-9066
所 仙台市青叶区青叶町8-1 开休票 可自由参拜 交 从地铁北仙台站下车步行8分钟 P 有

宝物库里陈列着与伊达家族相关的珍贵资料

有500年树龄的丸之香榧树非常壮观

6 光明寺
こうみょうじ

位于五山最东端的千手观音供奉寺

光明寺是伊达氏先祖——伊达朝宗的夫人的菩提寺，它与东昌寺相邻，两寺中间是一片墓区。院内现有曾经作为庆长遣欧使节被派往欧洲学习的支仓常长之墓和为使节团作向导的传教士索特罗(Luis Sotelo)的墓碑。

MAP 附录P.4 C-2

022-234-6660
所 仙台市青叶区青叶町3-1 开休票 可自由参拜 交 从地铁北仙台站下车步行5分钟 P 有

光明寺本创建于福岛县伊达郡，后被转移至仙台

彩幡 ふきながし
彩幡上的彩带代表织女的织线，因此彩幡包含着人们对娴熟技艺的美好憧憬

令人兴奋不已的夏季盛典　仙台七夕祭

"东北三大祭典"之一，每年前来参加活动的游客超过200万人次。
巨大繁复的彩幡挂满整个城市，丰富多彩的活动让人应接不暇。

8月6～8日

祭典期间节日气氛高涨！巨大的装饰物包含着人们美好的愿望

仙台的七夕庆典十分热闹，追溯其起源，这是伊达政宗给妇女与儿童的奖励。据说，早在江户时代，仙台城附近就已经开始张灯结彩大肆庆祝了。

现在，仙台的七夕祭一般要比正常月份晚一个月举行，但本来七夕节的日期是在旧历的7月份。从1928年开始，七夕祭就按新历日期的后一个月举行，"装饰比赛"也是从那一年开始的。

节日期间，全城的商业街都挂满了豪华繁复的彩幡，景象十分壮观。勾当台公园则成了"祭典广场"的主会场，除丰富多彩的活动以外，游客还能够品尝到各种美食。

仙台站西口 MAP 附录P.10 B-2
☎022-265-8185（仙台七夕祭典协理会）
URL www.sendaitanabata.com

七种装饰品是什么？

"七彩装饰"把仙台的七夕打扮得非常美丽。这里面包含着深深的祈愿。

荷包 きんちゃく
祈愿商业繁荣、富贵安乐，培养人们节约与储蓄的好习惯。

掩网 とあみ
祈愿连年有余，感谢大海的慷慨，同时期待幸运之神的降临。

纸篓 くずかご
把制作装饰物时产生的纸屑装进去后制成的一种饰品，意在培养勤俭节约的品德。

纸鹤 おりづる
祈愿长命百岁。制作时最多只能制作家族中最年长者年龄的数量。

纸衣 かみごろも
作为自己身体的替代品，祈愿无病无灾。同时也有本人擅长缝纫的意思在里面。

纸笺 たんざく
祈愿学业更上一层楼。现在人们一般会把所有的愿望都写上去。

拱廊街里满满当当装饰着各色彩幡

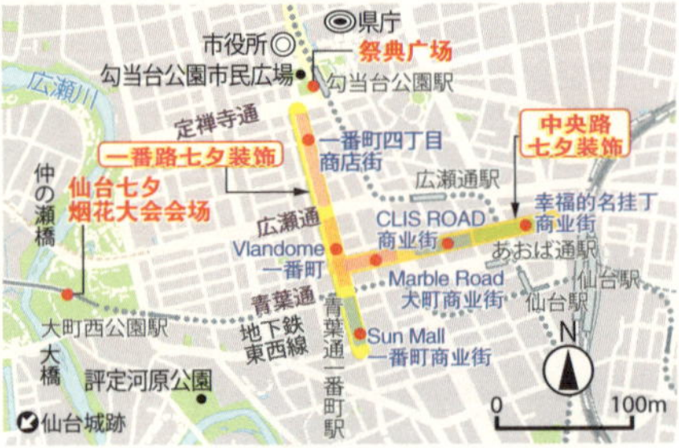

活动日程

8月5日

仙台七夕烟花大会
せんだいたなばたはなびまつり

作为七夕祭的前夜祭，烟花大会在川内胡枝子会馆的区域内举行。届时将会点燃16000发烟花，游客可从仙台西公园周边进行观赏。白天这一带还有现场舞台演出。

☎022-222-9788（仙台青年会议所） 所仙台西公园附近

8月6~8日

祭典广场
おまつりひろば

庆典期间，将有现场舞台表演。此外，游客还可以在美食角品尝仙台的美食，在体验区亲手制作七夕节的挂饰。

☎022-265-8185（仙台七夕赞助会） 所勾当台公园市内广场、定禅寺大道绿化带及附近巷道

照片：仙台七夕赞助会

仙台·四季庆典

12月上旬~31日

仙台光之盛典灯光秀
センダイひかりのページェント

↑所有彩灯一起点亮的"星光眨眼"仪式每日举行3次

由60万颗LED彩灯打造的光之盛典

每年12月上旬~31日在定禅寺大道上举行，这是仙台冬季的代表性活动。同时这里还会举办各种其他活动。

定禅寺大道 MAP 附录P.8 B-3

☎022-261-6515（仙台光之盛典执行委员会）
所仙台市青叶区 定禅寺大道

定禅寺爵士音乐节in仙台
じょうぜんじストリートジャズフェスティバルインせんだい

9月上旬

↑各类音乐都会在这里唱响

每年举行盛大的市民音乐节

9月第2个周六、日举行，届时将有100多个舞台同时献艺。

定禅寺大道 MAP 附录P.8 B-3

☎022-722-7382（定禅寺爵士音乐节协会）
所仙台市青叶区 定禅寺大道

陆奥YOSAKOI祭
みちのくヨサコイまつり

10月上旬

↑从县外赶来参加的队伍

充满力量的舞蹈令人感动

每年秋季，会在仙台市内中心地带的7个会场举行，人气很高。

MAP 附录P.8 C-2、市内各会场

☎022-268-2656（陆奥YOSAKOI祭事务局）
所仙台市内各地（勾当台公园市民广场及其他）

仙台·青叶祭
せんだいあおばまつり

5月下旬

↑在市中心举行

仙台城区的历史祭典

这是仙台的传统祭典，届时戈山彩车、神舆和武士队伍将会在城区游行。每年5月举行。

MAP 附录P.8 C-2、市内中心部

☎022-223-8441（仙台青叶祭赞助会）
所仙台市中心地区（勾当台公园市民广场及其他）

当地有名的艺术作品与来自海外的近代绘画齐聚一堂

宫城县美术馆

みやぎけんびじゅつかん

青叶区郊外 MAP 附录P.6 A-2

美术馆建于1981年，位置是在广濑川附近一片绿意盎然的地区，建筑总体分为本馆、别馆和庭园三部分。本馆中陈列着从明治时代到现代的日本绘画、西洋绘画和康定斯基等海外画家的作品；别馆中的佐腾忠良纪念馆里则集中了许多雕刻杰作。美术馆还会定期举办特别展览活动。

☎022-221-2111 所仙台市青叶区川内元支仓34-1 开9:30～17:00（入馆时间截止到16:30） 休周一（遇节假日推后一日） 票300日元 交从地铁·国际中心站步行7分钟即到 P有

↑在庭园的一角有仿照《爱丽丝梦游仙境》所建的“爱丽丝花园”，里面展示着很多雕刻作品

←在本馆入口附近有雕塑家亨利·摩尔的作品“大纺锤(Spindle piece)”

↑这里收藏有很多以宫城县为中心的日本东北地区出身的艺术家的作品

前往大大小小的美术馆和与作家有关的景点

森林之都的艺术与传说

各类画家与文人曾经活跃的仙台是充满诗情画意的地方。寻访伟人创造的场所。

蝴蝶标本、近代日本绘画与小芥子木偶

亀井美术馆

カメイびじゅつかん

仙台站西口 MAP 附录P.11 E-4

仙台当地企业亀井株式会社为纪念公司成立90周年，于1994年建设了该美术馆。馆内珍藏有来自世界各地的蝴蝶标本约14000只，还收藏有浅井忠、中川一政和莫里斯· 德· 弗拉芒克(Maurice de Vlaminck)的绘画作品；此外馆内还展示了东北地区的民间工艺品小芥子木偶。

☎022-264-6543 所仙台市青叶区五桥1-1-23 开10:00～17:00（入馆时间截止到16:30） 休周一（遇节假日正常开馆） 票300日元（65岁以上老年人和高中生以下少年儿童免费） 交从地铁·五桥站步行3分钟即到 P无

↑馆内珍藏的来自世界各地的蝴蝶标本

←绘画作品定期进行替换，届时会举办企划展览进行相关介绍

在充满西班牙风情的白色建筑里与现代艺术相遇

中本诚司现代美术馆

なかもとせいしげんだいびじゅつかん

青叶区郊外 MAP 附录P.4 C-1

在全世界环游的现代美术家——中本诚司（1939～2000）回到日本后，选择把家搬到仙台，后在此建设了个人美术馆。2楼的常设展览展示着美术家本人才气纵横的作品，1楼的画廊则用来举办特别展览和各种活动。

☎022-272-7100 所仙台市青叶区东胜山2-20-15 开10:00～18:00 休周二 票免费 交从JR仙台站乘坐宫城交通公交·宫城大学方向约30分钟，在东胜山中央下车，步行5分钟即到 P有

↑馆内收藏有中本诚司作品约1000件

←充满西班牙风情的美术馆建筑本身也是中本诚司的作品

出身仙台的诗人、英国文学学者晚翠的晚年故居

晚翠草堂

ばんすいそうどう

仙台站西口 MAP 附录P.10 A-2

土井晚翠（1871～1952）曾长年担任第二高等学校（现在的东北大学）的教授一职，而其自家住宅及藏书在仙台空袭中均被烧毁。1949年，仙台市民和他的学生为其重建了新家，晚翠在这里度过了晚年，享年80岁。

☎022-224-3548 所仙台市青叶区大町1-2-2 开9:00～17:00 休周一（遇节假日推后一日闭馆） 票免费 交从地铁青叶通一番町站步行5分钟／从仙台站前乘坐市营公交八木山动物公园方向或LOOPLE仙台号大巴约7分钟，在晚翠草堂前站下车即到 P无

晚翠也是歌曲《荒城之月》的词作者。庭院中立有他的青铜像

入口处立有一石碑，上刻有晚翠的诗集《天地有情》

该建筑的设计者为东北大学工学部的教授小仓强

照片：佐佐木隆二

丰富的乡土文学资料

仙台文学馆

せんだいぶんがくかん

青叶区郊外 MAP 附录P.5 D-1

馆内收藏有与仙台因缘颇深的近代以后的作家相关资料和其文学作品。文学馆建于1990年，首任馆长是井上久。从土井晚翠、岛崎藤村到现代作家，馆内的藏品约有11万件。

☎022-271-3020 所仙台市青叶区北根2-7-1 开9:00～17:00（展示室入馆时间截止到16:30） 休周一、节假日翌日、1～11月的第4个周四（遇节假日正常开馆） 票460日元 交在仙台站前乘坐宫城交通巴士宫城大学方向约25分钟，在北根二丁目·文学馆前站下车步行5分钟即到 P有

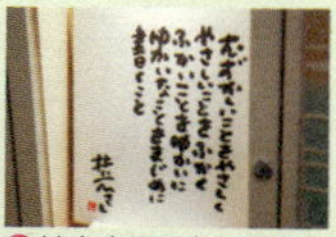

馆内也展示有与日本代表小说家、剧作家井上久相关的丰富资料

该建筑位于青叶区北根的台原森林公园入口处，周边环境绿意盎然，非常适合散步

这里也收藏有很多与仙台有关作家的作品和信息

走进中国文豪——鲁迅的仙台留学岁月

东北大学史料馆——鲁迅纪念展览室

とうほくだいがくしりょうかん ろじんきねんてんじしつ

青叶区郊外 MAP 附录P.7 D-4

东北大学的片平校区，其前身是仙台医学专门学校；被称为“近代中国之父”的鲁迅就曾在这里留学。馆内展示了很多鲁迅在这里的学生生活相关资料。

☎022-217-5040 所仙台市青叶区片平2-1-1 东北大学片平校区内 开10:00～17:00 休周六、日及节假日 票免费 交从地铁·青叶通一番町站步行10分钟即到 P无

收录于有形文化遗产的建筑物本身也值得观赏。里面有很多与东北大学历史相关的资料目前正在公开期

明治37年（1904）秋季，鲁迅入学。他曾经的志向是学医救国

放映着日俄战争幻灯片的玻璃屏。因为在上课期间看到了幻灯片上的照片，鲁迅决定弃医从文

与仙台因缘颇深的作家及其文学作品

土井晚翠（1871～1952） **出身仙台市。擅长汉诗体裁的诗歌、作词等，在英国文学翻译界也享有盛名。**

代表作 《荒城之月》（作词）、《天地有情》、《英雄论》（翻译）

岛崎藤村（1872～1943） 自1896年起任教于东北学院，因此开始在仙台生活，并出版了数部诗集。

代表作 《若菜集》（执笔于仙台）、《黎明之前》

鲁迅（1881～1936） 近代中国代表作家。20岁时曾留学仙台。

代表作 《狂人日记》《阿Q正传》

井上久（1934～2010）剧作家、小说家。生于山形县，孩童时代曾在仙台度过。

代表作 《葫芦岛》《吉里吉里人》

伊坂幸太郎（1971～ ）推理小说作家。生于千叶县，因入学东北大学后移居仙台。

代表作 《重力小丑》《魔王》《黄金梦乡》

其他以仙台为舞台的作品

漫画《JOJO的奇妙冒险》（作者：荒木飞吕彦）

第4部《钻石不会碎》的背景舞台S市以仙台为原型

小说《书店女孩》系列的第3部《被托付的一本》（作者：碧野圭）

描写了地震后，为了重振仙台的书店而辛苦奔走的女性形象。

小说《铁塔家族》之“回不去的家”（作者：佐伯一麦）

由出身于仙台、目前也居住在仙台的作家所撰写的私小说。书中描绘了家族的日常生活和重生。

探寻仙台的各个

位于郊外的水族馆、动物园和购物商场

仙台海之森水族馆

せんだいうみのもりすいぞくかん

仙台港周边 MAP 附录P.14 B-4

"培育"大海与人类、人与人之间的紧密联系

该馆于2015年开业，位置在仙台港附近的高砂中央公园内。"培育"大海与人类、人与人之间的紧密联系是水族馆的核心宗旨，馆内共有约100个展示水槽，游客可以在这里充分感受到海洋资源的丰富性。此外，游客还可观赏到海豚和海狮带来的精彩表演。

☎022-355-2222 所仙台市宫城野区中野4-6 开9:00～18:30（根据季节变化有所变动，入馆时间截止到闭馆前30分钟） 休全年无休 费2100日元 交从JR中野荣站步行15分钟（从中野荣站可乘坐免费的中转巴士） P有

海豚和海狮在开放的水池内进行精彩的表演

水族馆白色的外观十分引人注目。该馆占地面积约9900m²，展出的海洋生物十分丰富

馆内用一个宽14m、深7.5m的大水槽模拟了世界三大渔场之一的三陆之海

仙台八木山动物园

セルコホーム ズーパラダイスやぎやま

太白区 MAP 附录P.4 B-4

与动物亲密接触

该园是日本东北地区最大的动物园，园内饲养着130种总计600只动物。园里每天都会举行与动物的亲密接触或喂食活动。游客在园内还可以近距离接触大象和长颈鹿等动物。

☎022-229-0631 所仙台市太白区八木山本町1-43 开9:00～16:45（入园时间截止到16:00）11～2月9:00～16:00（入园时间截止到15:00） 休周一（遇节假日翌日休息） 费480日元 交从地铁·八木山動物公园站徒步2分钟 P有

从地铁站步行两分钟即可到达动物园西门

超有人气的"非洲园"

仙台东照宫

せんだいとうしょうぐう

青叶区郊外 MAP 附录P.5 D-2

森林之都也有家康的神社

1654年，仙台藩第二代藩主——伊达忠宗为了祭拜伊达家族的守护神——东照大权现（德川家康），特在此建造东照宫。宫内建筑上的镶金箔雕刻装饰十分美观。

☎022-234-3247
所仙台市青叶区东照宫1-6-1
开休费可自由参拜
交JR东照宫站徒步3分钟
P有

唐门是日本国家指定重要文化财产

美丽的花岗岩鸟居

东北大学植物园

とうほくだいがくしょくぶつえん

青叶区郊外 MAP 附录P.6 A-3

在美丽的冷杉林中与大自然共呼吸

仙台城遗址的后方有一片尚未开发的森林，1958年，东北大学为研究自然植物，在这里建立了植物园。目前，这一带已被指定为日本国家天然纪念物"青叶山"。

☎022-795-6760 所仙台市青叶区川内12-2 开9:00～17:00（入园时间截止到16:00） 休周一（遇节假日推后一日闭馆）、12/1～春分日前日 费230日元 交从地铁·国际中心站或川内站步行12分钟 P有

植物园占地面积为520000m²

开园时间从春分日持续到11月末

三泷山不动院

みたきさんふどういん

仙台站西口 MAP 附录P.10 C-1

坐镇商业街的寺院

本寺建于1865年，属于真言宗至山派寺院。寺院位于CLIS ROAD商业街上，当地民众习惯到这里来祈求生意兴隆或家宅安宁。

☎022-221-3056
所仙台市青叶区中央2-5-7
开休费可自由参拜
交从JR仙台站步行8分钟／从JR青叶大道站徒步5分钟 P无

据说这里也能保佑眼疾痊愈

角落!

森林之都的郊外，是看不尽的大自然和可爱的小动物，还有触动人心的各个景点。当然，充满娱乐性的户外公园也不容错过。

仙台市天文台

せんだいしてんもんだい

青叶区郊外 MAP 附录P.2 B-3

仙台市民的"宇宙广场"

该设施的创立宗旨是"把宇宙拉到身边"，因此天文台内展示了很多能够通过日常生活感受到的宇宙体验和信息。此外，天文台还配备了天文馆、展览室和望远镜等多种设备。

☎022-391-1300 所仙台市青叶区锦丘9-29-32 开9:00～17:00（除展览室外，周六开馆时间延续到21:30，入馆时间截止到各馆闭馆前30分钟） 休周三、每月第3个周二（遇节假日翌日休息，学校长假期间正常开馆） 票展览室600日元、天文馆600日元（单次）、组合套票1000日元 交从仙台站前乘坐爱子观光巴士·锦丘方向约30分钟，在锦丘七丁目北·天文台入口站下车，步行5分钟 P有

通过大型模拟器和CG技术感受宇宙

天文馆里展示有美丽的繁星闪烁景象

地下森林博物馆

ちていのもり博物馆

太白区 MAP 附录P.2 C-3

这里保存、展示着2万年前的历史遗迹

根据1988年的研究，博物馆把在富泽遗迹中发掘的旧石器时代烧火和森林的遗迹原样展示了出来。博物馆地下5m的地方是一片2万年前的神秘世界。

☎022-246-9153 所仙台市太白区长町南4-3-1 开9:00～16:45（入馆时间截止到16:15） 休周一、1～11月的第4个周四（遇节假日正常开馆）、节假日翌日（周六、日和节假日正常开馆） 票460日元 交从地铁·长町南站徒步5分钟 P有

户外复原了旧石器时代的风貌

这是在世界范围内都十分珍贵的遗迹

仙台市野草园

せんだいしやそうえん

太白区 MAP 附录P.2 C-3

近距离观察东北地区的野生植物

野草园里栽种了多种多样的东北地区植物，它们分别被栽种于橡子山区、高山区和药草区等10个不同的区域。野草馆里有很多与植物相关的展览，很受游客欢迎。

☎022-222-2324 所仙台市太白区茂崎2-1-1 开9:00～16:45 休12/1～3/19（野草馆全年开放） 票240日元 交仙台站前市营公交·野草园前行16分钟，在终点站下车即到 P有

被绿色包围的胡枝子长廊

生长在草地广场上的大榉树十分壮观

仙台泉高级奥特莱斯

せんだいいずみプレミアム·アウトレット

泉区 MAP 附录P.2 C-2

集中了日本和海外的高级品牌

位于泉公园小镇内的人气景点。从时尚、运动到生活百货，这里集中了80多个高级品牌。

☎022-342-5310 所仙台市泉区寺冈6-1-1 营10:00～20:00（根据季节有所变化） 休2月第3个周四 交从东北高速·泉PA休息区驾车5分钟（ETC专用道）／从泉IC交流道驾车10分钟 P有

这里的建筑模仿的是美国东北部的街道，充满了优雅的氛围

尽情体验购物的乐趣

仙台场外市场森林市场

せんだいじょうがいいちば もりのいちば

若林区 MAP 附录P.3 D-3

充满活力的东北市场

场外市场位于中央批发市场附近。这里集中了售卖鱼类、蔬果、特产等各种充满个性的小店，还有种类丰富的餐饮店，在这里可以品尝到新鲜的海味。

☎022-762-5701 所仙台市若林区卸町5-2-6 营9:00～19:00（各商家营业时间不同） 休全年无休（各商家营业时间不同） 交从地铁·卸町站徒步15分钟 P有

美味的东北食材齐聚一堂

该市场是以地中海的市场为原型建造的

三井奥特莱斯公园仙台港

みついアウトレットパーク せんだいこう

仙台港周边 MAP 附录P.14 B-4

配有摩天轮的人气景点

这是东北地区最大的奥特莱斯，汇聚了来自日本国内外约120个人气品牌。除了可以品尝到东北当地美食的餐饮店外，这里的摩天轮也备受欢迎。

☎022-355-8800 所仙台市宫城野区中野3-7-2 营ショップ10:00～20:00、餐厅10:30～20:00（LO19:30） 休每年1次不定休 交从JR中野荣站步行8分钟/在仙台站前乘坐宫城交通巴士·仙台港渡船方向约40分钟，在奥特莱斯仙台港站下车即到 P有

高约50m的摩天轮十分引人注目

这里配备了完善的餐饮店与咖啡厅等设施

历史

在青叶山上回首4000年的历史时光

寻访政宗走过的地方

在仙台城所在的青叶山山麓，城关镇仙台市至今仍然在蓬勃发展，建立了这一切的正是仙台藩首位藩主——伊达政宗。回顾他的一生，不仅能够了解仙台精彩纷呈的过往，旅程本身也将变得更有深意。

安土桃山时代

战国末期驰名天下的 奥州霸主

幼时右眼失明，却逐渐成为伊达家家督，称霸纷乱的东北地区

1567年，伊达家第16代家督伊达辉宗的长子、开创仙台城的伊达政宗出生于出羽国（山形县）米泽城。后世多称颂他是“独眼龙”，这是因为儿时的一场天花造成了他右眼失明。1584年10月，18岁的政宗正式继承家业。这时，中央地区的羽柴秀吉在前一年建造了大阪城，名扬天下。东国地区，最上氏、芦名氏、相马氏和佐竹氏等诸多大名的各方势力相互夺权、局势纷乱。在此群龙无首的乱世，多方大名的联合军趁机围剿伊达氏，刚刚继承家业的政宗面临的正是伊达家处于劣势的不利局面。1588年，以郡山合战的胜利为契机，伊达军大破芦名和相马氏的联合军，扭转了局面。翌年，在摺上原之战中，伊达军一举消灭了芦名军，23岁的政宗拿下包括现在的福岛县大部分地区、宫城县和山形县南部在内的广阔领地，成为奥州最大的霸主。

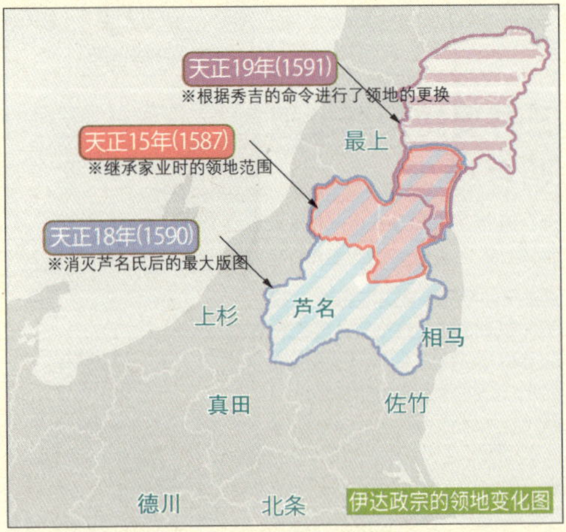

位于仙台城遗址的政宗像。政宗认为，虽说自己因病失去视力，但这是对父母的不孝，因此在雕像和肖像画中多以双目健全的形象出现

政宗以前伊达氏　从镰仓时代延续下来的名门

跟随源赖朝征讨奥州并取得战功的常陆入道念西在战后获得了福岛县伊达郡的领地，以此为契机改姓伊达。自中兴之祖——室町时代第九代家督伊达政宗起，伊达家开始把山形县南部地区作为自己的据点。原本“伊达”二字的读音有“idate”和“idachi”等不同读法，但后来人们发现在政宗送到欧洲的书面文件中，他的名字写为“Idate”。

在秀吉大军的势力下一统天下的梦想破碎 以必死的觉悟穿上白衣终于得以保全性命

很快，政宗就成为奥州的霸主。1590年，为了平定九州、旨在实现关东、东北合并的秀吉向政宗发出了一起攻打北条氏小田原城的邀请。如果拒绝，那就意味着和秀吉的决裂。由于伊达氏原本与北条氏之间存在同盟关系，因此伊达家族内部出现了意见分歧。政宗此前一直无视颁布于1587年的总无事令（秀吉发布的命令，禁止大名之间进行私下斗争），不停地与其他大名发生战争，但随着秀吉大军的挺进，政宗也不得不放弃抵抗，选择顺从。然而，等政宗率军到达小田原城的时候，战争已接近尾声，因此有人上书弹劾政宗故意迟到。政宗知道秀吉比较喜欢华丽的做派，因此特意穿上死者的白色衣物前来谢罪，并取得了秀吉的原谅。

安土桃山～江户时代

隐藏的野心

身处秀吉与家康的势力之下

被秀吉削减大部分领地 协助家康，虎视眈眈企图收复失地

打败北条氏后，政宗因违反总无事令被没收了从芦名氏那里获得的领地。更加糟糕的是，在1591年发生的葛西大崎起义中，政宗被人怀疑有煽动起义的嫌疑。为了自证清白，政宗再次穿上白衣，戴着金色的十字架，前往京城秀吉处进行解释。据说他认为作为证据出现的密信是伪证，因为“实物上的花押记号处开有小孔”。最后，秀吉原谅了政宗，并派他和德川家康一起去镇压起义。此后，政宗的领地被秀吉从米泽城换到了岩手泽城（这时改名为岩出山城），领地范围大幅缩小。

实际上，也有人认为这场起义本来就是政宗的阴谋，他表面上臣服于秀吉，私下却仍然企图收复失地。秀吉也看出了他的野心，因此进行了戒备。1598年，随着秀吉的去世，政宗开始亲近同样被秀吉所提防的、被派到江户的家康。政宗通过把长女五郎八姬嫁到家康家，进一步巩固了二人的关系，并与家康约定，收复已经成为上杉氏领地的旧领土（仙台市博物馆所藏《百万石证书》可证实这一事）。同年5月，在关原之战中，家康和政宗各率领大军从东西两个方向对上杉势力发起攻击，但最终没能攻下白石城。

1601年，政宗开始建设仙台城。仙台城建于天然的要害之地，可见政宗仍然随时防御着战乱的发生。1615年，伴随着大阪之阵的终结，太平盛世来临。之后，政宗把全部心力都倾注在经营自己的领地上，并一直担任着江户幕府的重臣。1636年，政宗去世，享年70岁。

岩出山城遗址

いわでやまじょうあと

大崎 MAP 本书P.3 D-2

根据丰臣秀吉的奥州再分配政策，政宗的大本营从米泽转移到了岩出山，因此岩出山城就成了政宗的大本营，直到后来他在仙台城开府建牙。此后，即便政宗转移到了仙台，到明治维新为止，岩出山依然是伊达家的居所。现在，城迹公园内还立有政宗的塑像。

JR岩出山站／有备馆站步行15分钟　P有

让伊达之名驰名于世的盔甲

华丽的代名词“伊达”

文禄2年（1593），正值向朝鲜征讨之际，政宗分发给家臣们十分华丽的衣饰。这样耀眼的军姿，让一直对其他军队保持沉默的京都群众一齐发出欢呼。据说原本对穿着华丽的人就有用“date”一词来称呼的习惯，从这以后，该词的汉字表记就成了“伊达者”。

追溯东北地区的中心城市之历史

建造仙台城区

虽说这里本来也有一些小城池，但政宗选择在仙台开牙建府还是等于从零开始。他选择这片土地的理由是什么？一起来推测一下政宗的意图吧。

应当成为奥州中心的天选之地

关于转移到仙台的理由，除交通方便之外，也有人猜测政宗在收复伊达氏旧地之后，很可能希望这里能够变成广阔的百万石领地的中心。为了应对今后的战乱，尽管建城的主流选址是在便于政治经济发展的平原地区，但政宗还是选择了东临广濑川、三面环山的这片军事要地。此外，在仙台城的本丸御殿里还有一处其他城池里没有的“上上段空间”，这是为了迎接天皇而建的，从这里也可以看出政宗的野心。

政宗亲自规划的棋盘型城关镇

与建于山上的仙台城一样，政宗在山下城关镇的建设上也倾注了大量心血。政宗避开了此前曾受到海啸、洪水侵害的平原地区，在广濑川的两岸打造出阶梯地形，又从广濑川上流开凿水路。城区呈现棋盘状分布，从仙台城大手门一直延续下来的东西向大町大道和南北向的国分町大道的交叉点——札之路口（后也被称为“芭蕉的路口”）成为整个城区的中心。平民路的“町”字和武士住宅区的“丁”字进行了身份上的区分，这种差异一直保留到今天的一些地名上，比如幸福的名挂丁和国分町等。

跨越两大洋来到欧洲

庆长遣欧使节

在日本禁止基督教传教、繁荣的对外贸易即将走向衰落的时候，手持政宗书信的使节团出发前往欧洲。

日本首个前往欧洲的外交使团

1613年，伊达政宗向西班牙、罗马派遣了一支由仙台藩家臣支仓常长和西班牙传教士索特罗等人组成的外交使团。这是日本首次到达欧洲的外交使团，而下一次对欧洲的访问则要等到明治维新的开国政策以后。

在给西班牙国王和罗马教皇的书信中，政宗自称奥州王，他希望两国能够派遣传教士来到仙台藩传播基督教，并且请求西班牙国王允许仙台藩与西班牙本国和其属地墨西哥进行贸易往来。一般认为，由于使节团出发前的1612年江户幕府已经发出了禁止基督教传教的禁教令，因此，政宗实际上是以基督教之名企图展开贸易活动。但是很多史学家认为，基督教与贸易政宗两者都要，为了实现自己的野心，他准备把东北地区打造成一个基督教王国。

使节团带回来的肖像画和罗马市民证等文件都保存在仙台市博物馆，作为历史资料，它们被指定为珍贵的日本国宝。另外，今天也仍然能够在西班牙看到使节团的足迹，据说这里姓HABON的人都是当年滞留在西班牙的使节团的子孙。

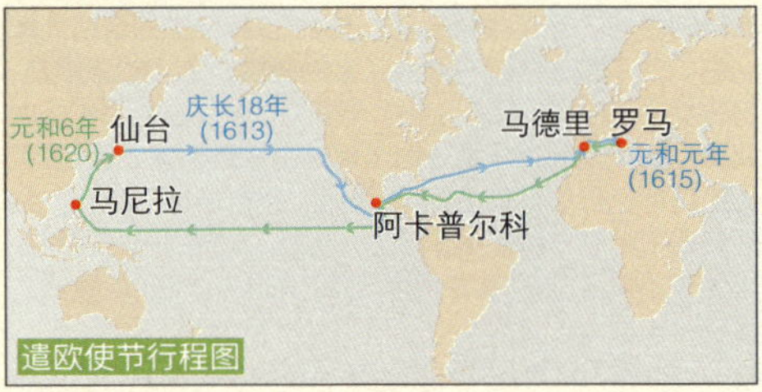

遣欧使节行程图

漫长的航海行程没能带来交涉的成果

1613年8月，使节团搭乘Sant Juan Bautista号从牡鹿半岛月之浦出发，经过3个月顺利的航程到达墨西哥的阿卡普尔科海港。之后使节团又通过陆路来到大西洋沿岸，乘船横渡大西洋来到了西班牙的塞维利亚，受到当地群众欢迎。1615年1月，使节团终于到达西班牙首都马德里，谒见西班牙国王。

在这里，使节团向西班牙国王详细陈述了幕府发出的禁教令以及政宗与幕府之间的力量角逐，但是却没能得到国王理想的答复。此后，使节团访问罗马，支仓常长受到当地的欢迎，被认定为贵族，并且获得了罗马的市民权利，但是，使节团仍然没能从教皇那里获得实质性的帮助。经过1年左右的交涉后，使节团失去了西班牙国王的信任并被赶出了欧洲。1617年，使节团在失望中踏上了回国的旅程。

一行人从阿卡普尔科出发，经菲律宾的马尼拉港于1620年8月回到日本。在这长达7年的航海旅程中，日本国内的情况已经发生了翻天覆地的变化，大阪之阵、家康之死和对基督教的强制镇压等让归来的使节团不仅没有受到欢迎，此后其在历史上的记录也只剩寥寥几笔。

宫城县庆长使节船博物馆 ➲P.114

みやぎけんけいちょうしせつせんミュージアム

石卷 MAP 附录P.17 D-3

博物馆里通过展品和影视资料向观众介绍了遣欧使节团。此外，博物馆还复原了当初使节团的船只“Sant Juan Bautista”号。

交 JR石卷站宫城交通巴士·鲇川线约30分钟、汐见台公园入口下车、步行10分钟（周六、日及节假日乘坐鲇川线约32分钟、在Sant Juan公园下车即到） P有

支仓常长 成为罗马贵族的日本人

政宗任命支仓为遣欧使节团的正史。支仓在马德里受洗，成为基督徒，除了被认定为贵族以外，还获得了当地的市民权利。但是回到日本后，终因郁郁不得志，两年后去世。

《支仓常长像》（仙台市博物馆藏）

光明寺 ➲P.45

こうみょうじ

北山 MAP 附录P.4 C-2

在北山五山之一的光明寺内，至今还保留有支仓常长之墓与跨海而来的传教士索特罗的纪念碑。支仓常长的墓地在宫城县内还有其他两处。

交 从地铁·北仙台站步行5分钟

P有

安土桃山～江户时代

动摇仙台藩的大事件

最大危机——伊达骚动

过早进行藩主更替引发的权力倾轧 仙台藩奉行家臣突然挑起武力冲突

1671年2月，在幕府大老——酒井忠清的家宅里进行了一场仲裁，得到不利结果的仙台藩奉行——原田甲斐（宗辅）以下犯上，斩杀了仙台藩重臣——伊达安芸（宗重）。这件给仙台藩带来了史上最大危机的事件，被后世称为伊达骚动或宽文事件。

这件事的导火索正是1660年仙台藩第三代藩主伊达纲宗被幕府命令隐退，理由是其素来行为不端。纲宗耽溺于酒色，其恶形恶状甚至在江户都赫赫有名，因此仙台藩家臣和亲族大名联名上书幕府要求他退隐。后幕府指定纲宗不到2岁的儿子龟千代继承藩位。

在幼年藩主背后掌握摄政大权的正是纲宗的叔父、初代仙台藩藩主伊达政宗的第十子伊达兵部。在兵部的势力下，原本一直实行专制的奉行家臣原田甲斐等人被判处死罪、流放等，一时人心惶惶，恐怖政治气氛浓厚。伊达安芸此前就一直反对兵部，甲斐的死更是让他的不满达到顶峰，于是安芸向幕府上书控诉兵部的酷政，最终引发了上述的伊达骚乱。

在大老家宅里发生武力冲突不是一件小事，这时人们纷纷猜测仙台藩的未来命运会如何改变。兵部由于监督不力被判没收领地，而当场被酒井家家臣斩杀的原田甲斐则被判与家族断绝关系。这件事说到底也是家臣之间的私下斗殴，因此幕府认定与幼年藩主无关，仙台藩得以继续存在。

众说纷纭的事情真相 真正的忠臣究竟是谁？

这场让人震撼的突发事件引起了人们的诸多揣测。当热度逐渐退去，这件事成了歌舞伎的剧本题材，其中最受人欢迎的剧本就是《伽罗先代胡枝子》。在这个故事中，原田甲斐与伊达兵部都是想趁虚而入的坏人，而伊达安芸则被塑造成想要制止他们却被杀害的忠臣形象。这种善恶的分配模式长久以来已经深入人心。进入昭和时代以后，在根据山本周五郎的小说《最后的枞树》改编的大河历史剧中，原田甲斐的形象发生了反转，他被塑造成了一个为了阻止幕府的阴谋而以身犯险的忠臣形象。

到底哪一方是忠臣呢？真相已经淹没在历史的长河中。回顾伊达骚乱，我们可以看出在当时的历史条件下，仙台藩的小领主还掌握着一部分权力，乱世之中，企图实现中央集权的革新派和顽固抵抗的保守派针锋相对，互不相让。

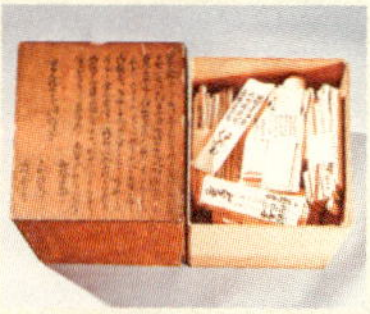

➲据传记载此次事件全部经过的文书就放在这个“伊达黑盒子”中（仙台市博物馆藏）

船冈城址公园

ふなおかじょうしこうえん

柴田町船冈 MAP 本书P.2 C-4

这里曾是原田甲斐的居所。小说《最后的枞树》题目的灵感正是源自此处种植的冷杉。春季，这里是赏樱胜地，赏樱人次能达到25000人。从瞭望台上不仅能够看到白石川河堤两岸美丽的樱花，更能眺望远处的藏王连峰。

交JR船冈站步行15分钟　P有

东阳寺

とうようじ

登米市东和町 MAP 本书P.3 E-2

据说东阳寺原本位于船冈，伊达骚乱后原田甲斐的家臣悄悄把他埋葬在寺里。后趁着东阳寺转移到米谷，这里也建起了原田甲斐的首（级）塚。

交驾车从三陆高速·登米东和IC交流道口下来即到　P有

林子平　走遍日本得到的智慧与他的先见之明

1738年，林子平作为幕臣之子出生于江户，后迁至成为仙台藩藩臣的兄长家里居住。从北海道到长崎，林子平的脚步走遍了日本，因此他也得以了解当时世界的情势，并出版了阐述来自外国的威胁与重视海防必要性的《三国通览图说》和《海国兵谈》两部书。幕府认为这些书籍扰乱人心，禁止出版，并且命令林子平回到仙台隐居不许入世。林子平预见了外国船只即将打开日本的大门，因此后世对他评价颇高。

林子平墓

はやししへいはか

北山 MAP 附录P.4 B-2

子平墓位于青叶区的龙云院。寺院附近的大道被命名为子平町，附近商铺里还出售子平馒头。

交JR东北福祉大前站步行13分钟　P有

寻访政宗走过的地方

明治时代

投降后搬迁至北海道

戊辰战争与仙台藩

结成奥羽越列藩同盟抵抗新政府军 经过东北战争，向对方压倒性的兵力与军威投降

1867年的大政奉还直接为260多年的德川幕府统治打上了休止符。翌年1月，新政府军与旧幕府军之间爆发武力冲突（鸟羽—伏见之战），不久之后两军间的争斗蔓延至全日本。为了抵抗新政府军的北上，东北地区的31个藩镇组成了"奥羽越列藩同盟"，同时推选仙台藩为盟主。但是，无论是从兵器的质量上还是数量上来讲，同盟军都处于明显的劣势，节节败退。会津藩的失败标志着东北战争的结束。在1869年的箱馆战争中，旧幕府军无条件投降，戊辰战争宣告结束。

为了拯救家臣团体，在戊辰战争中败退的仙台藩主决定移民北海道、开拓新生活

投降后的仙台藩被新政府进一步削减封地，因此领主们为了拯救家臣等人，决意搬迁至北海道，开拓新生活。自江户时期起，仙台藩主就曾对虾夷地区进行警备，或者将其划入领地，可以说仙台藩与北海道地区因缘颇深，因此移民计划也取得了成功。1870年，第一批移民来到了面朝内浦湾的北海道伊达市。由于这里是被伊达家的分支——亘理家所开发起来的，因此得名伊达市。

讽刺戊辰战争的《儿童游戏豆子炮合战图》（仙台市博物馆藏）。右上角穿着竹纹衣物、手持豆子的儿童来自仙台藩

白石城 P.96

しろいしじょう

白石 MAP 附录P.14 B-2

过去这里曾是位于白石市的平山城，也是伊达家的分支城池。在戊辰战争中，促成奥羽越列藩同盟结盟的白石会议就是在这里举行的。由于明治时期的废城令，白石城逐渐破败。现在的三阶橹（天守阁）等建筑是严格按照史料复原的。如今，这里已经成了市民的公园。

交 JR白石站步行15分钟

P 有

那些为人熟知的东北地区大地震与海啸

多次袭击宫城的自然灾害

冷酷无情摧毁一切的地震与海啸。历史上宫城曾经几度遭受难以想象的天灾袭击，但是却一次次从废墟中重生、复兴

天灾在被忘却的时候又卷土重来

东日本大地震被称为"千年一遇的大地震"。所谓"千年"的原因是，在平安时代的869年7月13日，日本曾经发生了推断为8.3级的"贞观地震"，震源在三陆冲。根据六国史之一的《日本三代实录》记载，大量的房屋倒塌，被压死者众多，海啸一路蔓延到多贺城下，被淹死者多达1000人。而在发生地震的5年前，富士山曾经发生火山大爆发。

在政宗入主仙台后不久的1611年，海啸引发了大面积灾害，据说庆长遣欧使节也是灾后复兴事业的一环。江户中期的1793年，仙台冲发生8.0～8.4级大地震，地震引发海啸，仙台藩内1060栋房屋倒塌破损。之后就是发生于2011年3月11日的东日本大地震。9.0级地震是日本有史以来发生的最强地震，宫城县内约有9541人丧生。

仙台3·11纪念交流馆

せんだい3·11メモリアルこうりゅうかん

若林区 MAP 附录P.3 D-3

观众可以在这里学习东日本大地震的相关知识，把与灾害和地区的记忆带向未来，带向全世界。馆内配备了展览室和交流区，同时也会定期举办研讨会和各种活动。

交 从地铁·荒井站舍内

P 有（附近交费停车场）

仙台媒体中心 P.39

定禅寺大道 MAP 附录P.8 B-3

馆内开设了一个"不要忘却3月11日中心"，这里主要负责记录灾后东日本地区的复兴史并向外界传播。馆内所展示的成果正是这些年来东日本地区所经历的各种复兴方案的一部分。

西历	年号	事项
724	神龟 元	陆奥镇守将军大野东人建造多贺城
741	天平13	圣武天皇颁布诏书修建国分寺。陆奥国开始建设陆奥国分寺(**陆奥国分寺药师堂**P.106)
762	天平宝字6	多贺城完工,**立多贺城碑**P.130建立
780	宝龟 1	由于虾夷叛乱,多贺城一时被毁(后又重建)
802	延历21	征夷大将军坂上田村麻吕建胆泽城
869	贞观11	**贞观地震**P.56
1189	文治 5	源赖朝征讨奥州。随军征战的常陆入道念西获得陆奥国·伊达郡领地,成为伊达家初代藩主——伊达朝宗
1385	至德 2	第九代藩主伊达政宗灭出羽国长井氏,把伊达氏大本营转移至出羽国置赐郡
1536	元中 2	第十四代藩主伊达稙宗制定了国内最大型的分国法《尘芥集》
1542		伊达稙宗与嫡子伊达晴宗发生对立(天文之乱)
1548	17	在天文之乱中取得胜利的晴宗把大板营转移到米泽城
1567	永禄 10	第十六代藩主伊达辉宗与最上氏的女儿义姬所生的儿子(此后的第十七代藩主政宗)出生
1584	天正 12	伊达政宗继承家督
1585	13	人取桥之战。政宗在由佐竹氏率领的南奥州诸侯联合军的围攻下败走
1587	15	丰臣秀吉向关东、奥州地区发布总无事令
1588	16	大崎合战。政宗虽然败给大崎和最上氏的联合军但两军仍然维持了和睦,此后在郡山合战政宗击败了芦名氏、相马氏的军队
1589	17	在摺上原之战中政宗消灭了芦名氏
1590	18	政宗应秀吉邀请参战小田原战役。在战后对奥州领地的再划分中政宗被削减领地。改易的葛西氏、大崎氏旧臣再起叛乱(葛西大崎起义)
1591	19	为澄清煽动起义的嫌疑,政宗上京。平定起义后,把大本营转移到岩出山城(**岩出山城遗址**P.53)
1592	文禄 元	为出兵朝鲜,政宗奔赴肥前名护屋
1600	庆长 5	在关原合战中跟随一马当先的上杉征讨军,政宗夺回**白石城**P.96与家康约定收复旧领地(百万石证书)
1601	6	政宗从岩出山转移到仙台,开始建造仙台城(**仙台城遗址**P.36、1610年基本完成)
1604	9	政宗在松岛重建了**瑞严寺**P.104、**五大堂**P.105
1611	16	西班牙大使比斯卡伊诺和传教士索特罗造访仙台。**庆长三陆地震**P.56
1613	18	支仓常长和索特罗等人组成**庆长遣欧使节**P.54
1614	庆长 19	政宗参加大阪冬之阵的东军。支仓常长经由墨西哥、哈瓦那到达西班牙
1615	庆长 20 元和 元	参与大阪夏之阵。支仓常长谒见西班牙国王和罗马教皇
1620	6	常长归国,索特罗滞留马尼拉。仙台藩领地内发布基督教禁止令。翌年(及后年)索特罗企图秘密回到日本最终失败,在长崎大村藩入狱
1636	寛永 13	政宗去世,翌年葬于**瑞凤殿**P.35藩主由忠宗继承
1638	15	仙台城二之丸建筑开工
1660	万治 3	第三代藩主纲宗被幕府下令退隐
1671	寛文 11	原田甲斐和伊达安芸等人到江户接受调查,最终发展成武力事件(**伊达骚动**P.55)
1689	元禄 2	松尾芭蕉来到仙台和松岛旅游。之后写成游记**《奥州小路》**P.106
1703	16	第四代藩主纲村隐居
1792	寛政 4	林子平被禁止出版《海国兵谈》
1793	5	**宽政地震**P.56
1808	文化 5	依据幕府命令,仙台藩负责北海道的国后·择捉·箱馆地区的警备任务
1855	安政 2	依据幕府命令,仙台藩负责虾夷地区的警备任务
1868	慶応 4 明治 元	**戊辰战争**P.56开始。仙台藩与东北、越后诸藩组成奥羽越列藩同盟,对抗新政府,败北。仙台藩封地被大幅削减
1870	3	伊达家家臣团移居北海道
1871	4	由于废藩置县,设立仙台县(翌年改称宫城县)、一关县(同年,改称水泽县,后改为磐井县)
1876	9	磐井县被并入宫城县和岩手县,宫城县领地成为如今的大小
1887	20	日本铁路东北线延伸至盐灶
1896	29	明治三陆地震
1904	37	仙台医学专门学校(此后的东北帝国大学医学专门部)成立
1907	40	东北帝国大学(此后的东北大学)成立
1926	大正 15	仙台市市营电车开始运营(~1976)
1945	昭和 20	在太平洋战争中仙台中心地区遭遇大规模空袭
1982	57	东北新干线开通盛冈至大宫间路段
1987	62	仙台市市营地铁——南北线开始运营
1989	平成 元	仙台市成为政令指定城市
1999	11	仙台维加泰足球队晋级J联赛
2004	16	东北乐天金鹰队加入职棒联盟
2011	23	**东日本大地震**P.56
2015	27	仙台市市营地铁——东西线开始运营

※ 南北朝时期的年号上为南朝，下为北朝

运用传统的技艺烹饪山与海赐予的美味

精致的美食 日本料理

仙台四季分明，这里集中了东北地区的所有食材。
日本料理总能通过巧妙的方法充分发挥出食材本身的味道，尽情享受丰饶的土地所带来的馈赠吧。

主厨推荐套餐 15000日元
(照片为银鳕鱼盖饭)
套餐的最后一道银鳕鱼盖饭。由于使用当季的食材，因此根据季节变化食材有所不同。这也是另一种趣味。

特意开在小路中的和式名店 使用东北食材的高级料理

日本料理 e.

にほんりょうり イーピリオド

预约 要
预算 Ⓛ5000日元 Ⓓ1万日元
另需服务费10%

仙台城遗迹附近 MAP 附录P.6 C-3

位于仙台地方法院附近，位置僻静，悄然独立。店主曾在东京的名店“分TOKU山”等地进修。店内菜品尽量选用当季食材，为传统的日本料理带来全新的风味，精美的菜品让人感叹。午餐和晚餐只有主厨推荐套餐，均需提前预约。

☎022-797-7668
所 仙台市青叶区片平1-1-18
营 12:00～15:30（LO13:30）18:00～22:30（LO19:30）
休 周一
交 从地铁·大町西公园站步行5分钟 Ⓟ无

➲地点稍微有点难找。在茶室“绿水庵”对面

⇧吧台座席前的椅子之间留有足够空间。当天预约的话必须在开始营业的2小时之前

⇦店内桌椅造型简朴，令人放松，自带一种餐厅氛围。店内也有单桌座席

多种方式品尝
三陆新鲜的海鱼

日本料理 林太郎

にほんりょうり林太郎

仙台站西口 MAP 附录P.10 C-3

店内菜品主要选用产自三陆的海鲜，再搭配应季蔬菜制作而成。晚餐是主厨推荐套餐，由于这里的主厨还经营着一家鱼类销售公司，因此这里的海产都是经过精挑细选的。在这里顾客可以尽情享受宫城县的海鲜。

☎022-211-5388
所仙台市青叶区一番町1-8-20
营11:30～14:00（LO13:45）17:00～22:00
休周日、节假日
交从JR仙台站步行10分钟 P无

主厨推荐套餐5400日元
（照片为土佐炸石卷绿鳍鱼）
主厨推荐套餐选用时令海鱼和蔬菜，顾客可以一边品味日本传统的烹饪技术，一边感受主厨对料理的独创性。

吧台座席也十分惬意。BGM是爵士乐

店内装修很有高级感，让顾客在这里度过一段有品位的时光

预约 希望
预算 Ⓛ1200日元 Ⓓ8000日元

盐烤樱鲷鱼。主要食材来自三陆地区的海鱼

用红酒杯盛满日本酒
收获高评价的隐秘家庭和食店

欢之季

かんき

预约 希望
预算 Ⓛ1000日元 Ⓓ4000日元

国分町 MAP 附录P.8 C-2

一家小型的烹饪料理店，午餐只有限定的装满15种海味的海鲜饭，每份1000日元。晚餐主要是主厨推荐料理。根据顾客所选酒的不同，相对应的配菜也会有所不同。这家店主打在日本酒与料理之间寻找平衡，很有人气。或轻摇、或分段式倾倒，这里倒酒的方式也与众不同。

☎022-215-0363
所仙台市青叶区国分町3-2-10 营12:00～售完即止、18:00～22:00 休周三、周六的午餐时间，周日和节假日 交从地铁·勾当台公园站步行5分钟 P无

甲赢海胆布丁 1620日元
下部放入海胆的布丁，上面覆盖着一层啫喱。如选择4000日元以上的主厨推荐料理，则赠送一份布丁

店内除吧台座席外只有两张单桌

穿过窄窄的小路来到深处才能找到这家店。推荐午餐尽量预约

炸天妇罗与会席料理颇受好评 仙台代表性的烹饪料理店

割烹 天妇罗 三太郎

かっぽう てんぷら さんたろう

国分町 MAP 附录P.8 B-4

店内主营油炸食品，特别是最受欢迎的天妇罗。为了衬托食材本来的味道，天妇罗的面皮会制作得特别薄。除了天妇罗以外，这家店的会席料理在仙台也是首屈一指的。会席料理采用A5级别的仙台牛等高级食材，力求打造充满奢华感的日本料理。

☎022-224-1671

所 仙台市青叶区立町1-20 营 11:30～14:00 (LO13:30) 17:00～22:00 (LO21:10)

休 周一、每月1次周日 交 从地铁·广濑通站步行7分钟 P 有（合作停车场）

天妇罗套餐 政宗
7700日元

（照片是活卷虾天妇罗）

套餐中包括康吉鳗鱼和墨鱼等共9种食材的天妇罗。具体食材根据季节变化有所不同。

在吧台座席可以直观天妇罗的炸制过程

店内也有适合开会或举办宴会的宽敞的日式房间

左侧图片是涮仙台牛。右侧是从下关直接运来的红鳍东方鲀

预约 希望

预算 L 1500日元 D 12000日元

仙台特产应有尽有 藏在车站附近的家庭和食店

和食 十喜

わしょくたしぎ

预约 可

预算 L 1200日元 D 6500日元

仙台站西口 MAP 附录P.9 F-4

从仙台站步行5分钟，就能找到这家令人感到放松的餐厅。店内菜品主打乡土特色，比如新鲜的三陆海鱼、仙台牛排、烤牛舌和其他单品等。同时店里还提供10余种以宫城为中心的东北地区当地酒。

☎022-224-5102

所 仙台市青叶区本町1-2-5 营 11:30～14:00 (LO13:30) 17:00～23:00 (LO22:00)

休 周日、节假日的午餐及不定期休息

交 从JR仙台站步行5分钟 P 无

店内以单桌座席为主，也有吧台座席

宫城美味套餐 7020日元

该套餐包括应季海鱼、烤牛舌、盛有松岛特产海藻——铜藻的盖饭，可以说宫城的美味尽在这一桌。

单人份的三陆海鲜刺身拼盘2160日元

店铺主题为“成年人的隐秘之家”，全黑的大门让人印象深刻

在现代的空间内感受伊达的风流 品尝会席料理和日本酒

日本料理 醇泉

にほんりょうり じゅんせん

青叶区郊外 MAP 附录P.7 D-1

该店位于仙台藩御用老字号酒家——胜山酒造的迎宾馆——仙台胜山馆内。为了尽情享受日本酒的美味，店内还提供色彩缤纷的应季料理。午餐的御膳和晚餐的主厨推荐套餐都十分丰富，令人沉醉。

☎022-213-9155
所 仙台市青叶区上杉2-1-50 仙台胜山馆内1-3F
营 11:30～15:00（LO13:30）
17:30～22:00（LO 20:00） 休 不定期休息
交 从地铁·北四番丁站步行6分钟 P 有

预约 要
预算 Ⓛ4158日元
Ⓓ9504日元

主厨推荐会席9504日元
（照片为伊势虾与松茸唐墨烧）
一道会席料理共有8个菜品，采用时令食材，以精细的烹饪技术呈现最完美的料理。具体菜品根据季节变化有所不同。

↑醇泉入口位于胜山馆1楼

↑除镶嵌被炉式座席外，店内还提供普通座席。这里也能够承办多人宴会

←会席料理的实例。料理内容根据季节有所变化

满满的宫城时令美味 尽享美酒与美食

有好吃的 大见矢 仙台站前店

うまいも有 おおみや せんだいえきまえてん

仙台站西口 MAP 附录P.11 D-1

在这里能够品尝到冬季的“仙台芹菜火锅”（仅限10月中旬～2月末供应），食材选用产自宫城县的时令蔬菜。“满满的宫城食材料理”定价4500日元起。两人以上的套餐料理必须提前预约。为搭配不同的日本酒，店内还提供丰富的高级料理。顾客在这里能够尽情享受到产自东北地区的当地酒。

☎022-393-5212
所 仙台市青叶区中央2-2-38 四季大厦5F
营 17:00～23:00 休 周日、节假日
交 从JR仙台站步行5分钟 P 无

仙台芹菜火锅 1900日元（1人份）
仙台的特产火锅，蘸取风味独特的蘸汁，品尝整根仙台芹菜的美味，体会唇齿之间的清爽味道。

→主厨推荐时令海鲜刺身拼盘（时价）

↑这家店分为站前店和稻和小路店

←店内的吧台座席采用白木质地材料，造型雅致

预约 希望
（套餐必须预约）
预算 Ⓓ5000日元

预约 希望
预算 D7000日元

黑金枪鱼、牡丹虾、虾夷盘扇贝和3片刺身组成的前菜，定1500日元

一心 本店

いっしんほんてん

国分町 MAP 附录P.8 C-3

汇聚40余种本地酒用日本酒搭配东北的海鱼

推荐1瓶日本酒

纯米大吟酿中汲一心
500日元(S级)
由宫城县气沼仙市男山本店酿造。香气强烈，回味甘甜，不会上头。

该店在喜好日本酒的人群之间颇有盛名，店里提供以宫城为中心的40余种产自东北地区的本地酒。菜品主要是以3片刺身搭配烤鱼的海鲜料理。用大米酿造的日本酒和海味最配。该店让顾客再一次体会到这种感觉。

本店里有很多加座。此外还有"一心 加减 焖"和"一心 光庵"两家分店

☎022-261-9888

所 仙台市青叶区国分町3-3-1 定禅寺大厦B1 营 17:00～24:00(LO23:30) 休 周日、连休最后一日(需打电话进行确认) 交 从地铁·勾当台公园站步行3分钟 P 无

前往汇聚各类本地酒的商家

觥筹交错的美酒之夜

宫城是日本数一数二的产酒地。在无数的本地酒中，听听看有哪些推荐，再配上美味的佳肴，请尽情享受吧。

酒之穴鸟心

さけあなとりしん

定禅寺大道 MAP 附录P.9 F-2

通过炭烤鸡肉串和纯米酒来品尝米都宫城的味道

本店的烤鸡肉串使用了延续30年的秘汁调味，店里提供的本地酒(纯米酒)则是从酒屋直营店里严选出来的东北酒。人气烤鸡肉串拼盘(5串)定价680日元，平时店里常备20余种以宫城县为中心地域所产的应季酒品。店里可携带从旁边隔了1张玻璃门的酒屋带来的酒品。

来品尝一下东北的本地酒吧。四铭柄利比(约1.5合)定价999日元

☎022-222-6919

所 仙台市青叶区锦町1-2-18 定禅寺HILL 1F

营 17:30～23:00(周六17:00～22:30、晚餐LO为闭店前1小时)

休 周日、节假日 交 从地铁·勾当台公园站步行6分钟 P 无

巴洛克音乐缓缓流淌在装修考究的店内

预约 可
预算 D3500日元

推荐1瓶日本酒

橘屋 山废特纯米
713日元(一杯)
川敬商店的限定酒，连续15年斩获"金奖"。口感沉稳柔和。

推荐1瓶日本酒

乾坤一
纯米吟酿 东华
410日元(1杯)
充满大米香气的酒。由宫城县村天町的大沼酒造店选用东北稻筱锦米酿造

日本酒bar 旅笼

にほんしゅバー たご

定禅寺大道 MAP 附录P.8 C-3

光之盛典活动期间要求预约在日式酒吧里品尝全日本的好酒

在这家时尚的日式酒吧里，越过吧台座席可以眺望窗外定禅寺大道的榉木林荫道。店内精选全日本人气最高的60余种日本酒，每天20点之前，还提供为女性顾客量身打造的女士套餐(自选3杯酒共1500日元)。酒吧内也有日式座席。

☎022-797-4490

所 仙台市青叶区一番町4-10-11 FRK大厦3F

营 18:00～翌1:00(周五、周六至翌日2:00)

休 周日(遇节假日推后一天休息)

交 从地铁勾当台公园站5分钟 P 无

推荐来吧台座席享受时光

采用宫城县村田町所产的蔬菜来制作的无农药素沙拉，定价756日元，乾坤——纯米吟酿酒 东华

预约 希望
预算 D3500日元

只有懂酒的人才了解的梦幻之酒

了解宫城县的本地酒

目前除了在全日本都享有盛名的一之藏和浦霞等名酒之外，有很多酒庄也会专门酿造自己的日本酒。有些酒只在限定地区销售；有些酒则适合一个人小酌，这样的日本酒也是馈赠亲友的佳选。

向酒店请教值得推荐的当地酒

宫城县一带自古就有酿酒的习俗，据说仙台藩藩祖——伊达政宗就曾亲自酿酒。到江户时代后期，宫城县引入了发祥自邻县岩手县的南部杜氏的酿酒技术，由此酿酒量和品质都得到了大幅提升，宫城县也成为日本有名的酿酒之乡。

南部杜氏一直采用传统的寒造酿酒法，坚持手工作业，采选当地原料，所酿的日本酒也各有风味，口感丰富。此外，近年来年轻杜氏一辈在酿酒上的新鲜尝试也值得关注。

阿部勘 特纯米酒

由从江户时代延续下来的盐灶酿酒厂制作。由于产量稀少，在其他地方很难买到。

阿部勘酒造店●720mL、1460日元

乾坤——特纯米辛口

由位于仙南地区的小酒厂所酿造的人气酒品。其特色是中调能够感受到特纯米的辛辣口感。

大沼酒造店●720mL、1350日元

一之藏 特纯米酒 大和传

用环保大米"藏之华"所酿。限定在宫城县内销售。

一之藏●720mL、1543日元

纯米吟酿 於茂多加 男山

宫城县产米酒"爱女"，百分百使用大米酿造。

阿部勘酒造店●720mL、1512日元

仙台驿政宗 纯米吟酿

选用仙台产一见钟情米和仙台的水所酿。只在仙台流通，是仙台站的限定酒。

勝山酒造●720mL、1944日元

特纯米酒 奥之风

由宫城县内最古老的酒庄内崎造酒店所酿造的特纯米酒，口感醇美。

内崎酒造店●720mL、1296日元

大吟酿 虎哉

名称来自伊达政宗的家庭教师虎哉禅师。大吟酿口感芳香，果味浓厚。

内崎造酒店●720mL、2408日元

伊达前

由仙台市内数量稀少却很有历史的酒家酿造。仙台站内限定，每人只能购买1瓶。

森民酒造本家●500mL、1345日元

超浓厚酸奶酒

因"伯乐星"而知名的酒家选用泽西乳牛所产的浓厚牛奶来酿造的利口酒。温度高时会再次发酵，因此需要冷藏。

新泽酿造店●720mL、1836日元

浦霞 纯米吟酿 寒风泽

由松岛之寒风泽岛产筱锦米所酿造的纯米吟酿。最适合从冷藏拿到常温状态下饮用。

佐浦●720mL、1944日元

金龙纯米吟酿

由位于县北的一之藏旗下的小酒厂精细酿造的米酒。生产量小，十分珍贵。

一之藏●720mL、1543日元

金纹两国 特纯米酒 船尾灯

气仙沼产纯米酒，后调清爽，适合烫酒饮用。酒名寓意着走向复兴的光明。

角星●720mL、1080日元

在仙台站入手当地酒

位于车站内的精选酒庄

当地酒与红酒 榉

じざけとワインおみせ ケヤキ

仙台站 MAP 附录P.11 E-2

店内不仅备有超过3000瓶的红酒，同时也聚齐了品种繁多的当地米酒和当地啤酒。顾客可以一边与知识丰富的店员交谈，一边选择心仪的美酒。周末店里还会举办品酒会。

☎022-212-5233 所仙台市青叶区中央1-1-1 仙台站1F Dila大道 营10:00（周六、日、节假日9:00）～21:00 休无休 交JR仙台站直接相lp中 P有（S-PAL仙台停车场）

东北6县150种当地酒

藤原屋 陆奥酒纪行

ふじわらや みちくさけきこう

仙台站 MAP 附录P.11 F-2

2016年开业，位于S-PAL东馆2层，店内销售产自东北6县的各种当地酒。在店门的自动贩卖机上可以以1杯100日元的价格试饮各种酒。在这里一定可以选到自己满意的日本酒。

☎022-357-0209 所仙台市青叶区中央1-1-1 S-PAL仙台2F 营10:00～21:00 休与S-PAL仙台商场相同 交与JR仙台站直接相连 P有（S-PAL仙台停车场）

主厨推荐套餐
5000～15000日元(照片为10000日元的套餐)
烤大翅鲪鲉与时令刺身、握寿司及其他。这份已经超越寿司店的日式套餐非常合适，值得品尝。

新鲜的海产通过寿司和炭烤来品尝

通过时令海鲜感受陆奥古国的季节变迁

暖流和寒流在三陆海岸交汇，于是这里形成了世界级的优良渔场。想要品尝这里的美味，最好在换季时到访。

店内装修时髦又充满现代感。店里既有单桌座席，也有可容纳2～18人的包间

预约	可
预算	L 1000日元 D 3500日元

本日的主厨推荐握寿司 4104日元
这道寿司组合里共有9种食材巧妙搭配，包括康吉鳗鱼、嫩煎玉子、新鲜的魁蛤还有口感浓厚的金枪鱼等。

从全国运来的时令海鲜烤鱼等套餐颇受好评

寿司 仙一

すしせんいち

仙台站西口 MAP 附录P.11 D-2

据说这家店的店主是已故棒球教练星野仙一的狂热粉丝，因此店名也取为“仙一”二字。店里最受好评的是盛有满满食材的握寿司。除鱼类主要采自宫城县之外，店主还从日本各地精选各种时令食材。推荐尝试一下店里的套餐。

☎022-263-1180
所 仙台市青叶区中央3-9-12 营 11:30～14:00 17:00～23:00(周日、节假日～21:00) 休 周二～周四的午餐、周一
交 JR仙台站步行8分钟 P 无

预约	可
预算	L 2000日元 D 5000日元

店里除吧台座席外还有日式单间

从王道的握寿司到采用县产食材的变形寿司

寿司与多彩料理 七夕

おすしとしゅんさいりょうり たちばな

定禅寺大道 MAP 附录P.10 B-2

无论是食材新鲜的握寿司还是和食，在这里都能品尝到高级的日本味道。午餐最受欢迎的是半份盖饭与寿司等组成的精选午餐组合，定价1000日元。此外，店里还开发了许多新品寿司，目前师傅正在考虑制作包有仙台烤牛肉的握寿司。

☎022-223-3706
所 仙台市青叶区一番町3-3-25 七夕大厦5F
营 11:30～14:00(LO) 17:00～22:00(LO21:00、周日、节假日LO20:30) 休 不定期休息
交 从地铁青叶通一番町站下车即到 P 无

近年来颇受欢迎的本地盖饭——仙台盖饭，定价1620日元

最受欢迎的烤大翅鲪鲉 在高级料理店尝遍当地美食

炭火烧·山寨料理 地雷也

すみびやき さんさいりょうり じらいや

国分町 MAP 附录P.8 C-4

由于这家店的炭烤大翅鲪鲉十分美味，因此这家饭店的话题度也是不断攀升。食用后的大翅鲪鲉还可以用来做海鲜汤，味道也十分鲜美。这家店主打高级料理，食材包括熏鲸肉、仙台牛、秋天的金华鲭鱼等，保证物有所值。

店铺位于国分町大厦的地下1层。入口有明显的红色灯笼

打开大门马上就能看到一排吧台座席，此外也有榻榻米座席

炭烤大翅鲪鲉
(6480日元、照片是1只大翅鲪鲉)
虽然店里主营宫城县产食材，但味道肥厚的大翅鲪鲉还是主要来自北海道。炭烤仙台牛+大翅鲪鲉的组合套餐定价8640日元。

预约 希望
预算 D6500日元

☎022-261-2164
所 仙台市青叶区国分町2-1-15 B1
营 17:00～23:00(周六、日、节假日～22:30、LO食物各提前1小时，饮品各提前30分钟前) 休 周日(连休期间正常营业，最后一天休息) 交 从地铁·勾当台公园站步行7分钟 P 无

来自雄胜渔港的海鱼料理和 时令蔬菜　一杯又一杯

和食堂SABURA

わしょくどうさぶら

定禅寺大道 MAP 附录P.10 C-2

在这里，顾客可以品尝到从石卷市雄胜町直采的秋刀鱼、鲭鱼和夏季的牡蛎等新鲜海产。除应季刺身外，也可以试试这里的蔬菜料理。店里还供应品种丰富的日本酒、烧酒和红酒等酒类，是放松的好去处。

预约 希望
预算 D4500日元

☎022-265-7147
所 仙台市青叶区中央3-10-22 第6菊水大厦1-2F 营 17:00～24:00(周五、周六及节假日～翌日1:00，LO食物各提前50分钟，饮品各提前30分钟) 休 不定期休息 交 JR仙台站步行5分钟 P 无

刺身拼盘 1人份1404日元
(图片左下角，照片为2人份)
雄胜湾直送的牡蛎 702日元(图片右上角)
刺身与时令蔬菜巧妙搭配，“不需酱油”即可食用

除站立柜台之外，店里还有包间的单桌座席

不同季节的时令特产海鲜 宫城海产图鉴

宫城县盛产各种海鲜鱼类，其中有些品质优良的品种已经成为名牌，另有一些只有在宫城县内才能见到。如果在菜单上看到这些海鲜，一定要点它们哦。

大眼金枪鱼

盐釜渔港是日本首屈一指的野生金枪鱼捕获地。只有经过严挑细选的金枪鱼才能被冠上名牌“东物”进行销售，此外，这里也盛产各种优质鱼类。(季节:9～12月)

鲭鱼

捕获于金华山海湾的“金华鲭鱼”十分有名。它的特点是脂肪肥厚但鱼腥味很小。(季节:9～11月)

牡蛎

位于三陆的利亚斯海岸是日本国内有名的牡蛎养殖地。这里牡蛎的特征是个头娇小。(季节:10～5月)

海胆

由于三陆海湾里盛产能够当作饵料的海带等藻类，因此这里的海胆捕捞十分盛行。其中味道最好的要数北村前海胆。(季节:6～8月)

海蛸

这是东北地区夏季的味道。新鲜的海蛸没有腥味，其独特的美味与甘甜让人上瘾。(季节:5～8月)

⬆店内装修时髦又有现代感

⬆商家位于仙台合同厅附近的大厦内

⬅采用菠菜和小松菜制作的葡萄形状的料理"Rosas"

预约	要
预算	Ⓛ5400日元（活动午餐2100日元）Ⓓ10800日元

东西融合
极致的味觉体验

创新菜

雪村

定禅寺大道 MAP 附录P.9 D-2

这家店的主厨曾在西班牙3星级的饭店"el Bulli"掌勺，后于2016年来到这里开店。该店主打融入西班牙新鲜灵感的日式料理，无论是食材的切割方式还是烹饪温度都经过严密的计算，因此食材得以最大程度保留原有的鲜味。

☎022-796-7505

所仙台市青叶区本町3-2-1 半月大厦2F 营17:00～22:00（周六12:00～14:00 17:00～22:00） 休周一～周五的午餐、周日 交从地铁·勾当台公园站下车即到 P无

⬇仅限周六供应午餐

仙台的高级西餐厅

在杯盘之间发现
森林之都的考究

在东北地区的中心城市仙台，法国料理和意大利菜也维持了很高的水准。传统的烹饪方法与当地的食材巧妙组合，形成了这里独特的味道。

坚守法式料理的王道
自由使用宫城县的时令食材

法国料理

法式餐厅 ceran

仙台站西口 MAP 附录P.11 D-3

预约	希望
预算	Ⓛ3564日元 Ⓓ7560日元

该店严选三陆地区的海鲜和当地蔬菜等产自宫城县的食材，在传统的烹饪方法上添加了自己独特的想法，由此诞生了华丽的法式料理。人气套餐"我爱你"定价10800日元。此外，根据品酒师的提议，店内还提供红酒、日本酒和无酒精饮料等多种饮品。

☎022-268-1111（代表）

所仙台市青叶区中央4-6-1 仙台国际宾馆5F

营11:30～15:30（LO14:30）17:00～22:00（LO套餐为20:30 单点为21:30）

休周一（遇节假日正常营业）

交JR仙台站步行5分钟 P有

➡窗边的单桌座席。白天与晚上的气氛截然不同

➡套餐的第一道为宝石般的开胃菜（图左）。炙烤三陆盐灶品牌金枪鱼"东物"（图右）

采用新鲜海产的法国料理 有时还融入了亚洲的精髓

法国料理

法式餐厅· Plaisir

仙台城遗迹附近 MAP 附录P.6 C-3

出身盐灶市的主厨曾经在新加坡的日本大使馆内提供服务。店内的每一道法式菜品基本上都采用来自盐灶市场的新鲜海产，有时也会融入亚洲料理的精华。晚餐一般提供多种选项的定额套餐。

☎022-224-7307
所仙台市青叶区大町2-3-23 驹井大厦1F
营11:30～15:00 (LO13:30) 18:00～22:30 (LO20:30) 休周日，每月周一休一次
交从地铁·大町西公园站下车即到 P无

木质建材营造出令人安心的气氛，让顾客轻松享受美食

店铺在青叶大道一侧，靠近西公园

预约 希望
预算 Ⓛ1950日元 Ⓓ3800日元

在奥松岛产的真牡蛎和猪脚、猪耳、猪舌外裹上面包糠炸制而成的面包小排。食用时需蘸取清爽芳香的蘸汁

主厨的技艺与独创性融为一体 活用食材的精细法式料理

法国料理

nacrée

ナクレ

☎022-748-7115
所仙台市青叶区中央2-2-38 四季大厦4F
营12:00～12:30 (LO) 18:30～19:30 (LO)
休周一 交JR仙台站步行5分钟 P无

仙台站西口 MAP 附录P.11 D-1

这家法式料理的主厨曾经在巴黎著名的酒店"Astrance"等进修。店内菜单只有主厨当天的推荐套餐。主厨每日挑选最新鲜的食材，运用简单而又精细的烹饪方式制作出独一无二的佳肴。

预约 要
预算
Ⓛ4320日元
Ⓓ11880日元

经过4小时深度烘烤制作而成的梅山猪肉小排"Porc"

店内装修由建筑师隈研吾设计，风格简练

要把食物中潜藏的味道充分发掘出来，靠的是主厨对火候耐心精准的掌握

亲民的美味 自家制作的肉食品

法国料理

Au Bélier

オ·ベリエ

仙台站西口 MAP 附录P.10 C-3

在法语中，炸小排、烤冷盘、火腿和香肠等猪肉加工食品被称为charcuterie。这家店使用宫城县产的食材自己制作charcuterie。来自法国的风味搭配上红酒，在轻松的气氛中尽情享受美食吧。

☎022-706-7914
所仙台市青叶区一番町1-6-11 YJ一番町III 营11:00～15:00 18:00～23:00 (周日、节假日～22:00) 最晚入店时间各提前1小时 休周一、第3个周日 (遇节假日推后一日) 交从地铁·青叶通一番町站5分钟 P无

预约 希望
预算 Ⓛ1350日元 Ⓓ6000日元

店铺位于从南町大道前往东北大学方向的路上

店铺由曾在法国学习技艺的主厨经营

自家制作的肉食品套餐，包含6种肉食品，定价2376日元

保留着昭和风情的店内装饰。除吧台座席外店内还有若干包间

东北最繁华的娱乐一条街　夜间的热闹

国分町　享受喧嚣

在呈南北向延伸的国分町大街两侧，汇聚了很多餐厅与居酒屋，这里已经成为一片美食区。夜间，在这里度过属于成年人的时光吧。

每当霓虹灯点亮，就是众多酒客出没的时候

关东煮三吉
おでんさんきち

鲜美的汤汁与丰富的食材

用烤制的沙丁鱼干熬成的汤汁，再配上口感温和的关东煮，实在是一种享受。关东煮共提供27种食材，除了一定要有的萝卜与鸡蛋外，秋刀鱼肉糜和韭菜鸡蛋等新型食材也颇受欢迎。关东煮火锅套餐2人份定价2808日元起。

MAP 附录P.8 C-3

☎022-222-3830
所 仙台市青叶区一番町4-10-8
营 1～4月、10、11月18:00(周六17:00)～23:00 5～9月 18:00～22:00(周五、周六～23:00) 12月17:00～23:00
休 周日、节假日
交 从地铁·勾当台公园站步行3分钟
P 有(合作停车场)

关东煮1份是129日元起。最受欢迎的是韭菜鸡蛋，定价291日元(图片最右)

创业65年有余。目前是第三代经营者

预约 可
预算 L 600日元 D 3000日元

店内只有吧台座席，可容纳15人左右

应季烧烤、水煮菜与凉拌菜3样单品的组合，定价1296日元。推荐搭配温酒

乡土酒亭 元祖 炉端

きょうどしゅていがんそろばた

人气日本酒——天赏 本酿造1合定价432日元。可以和老板娘一边交谈一边品尝美食

创业半个多世纪 国分町的老字号

想要温酒就需要把酒器放在盛具上端来炉边，这就是店名"炉端"的由来。这个名字不知不觉间成了居酒屋的代名词，并逐渐影响到全国。店内主打火锅和烧烤等多种菜品。来自天南海北的客人用各自的方言畅所欲言，十分有趣。

预约	可
预算	Ⓓ3000日元

MAP 附录P.8 C-3

☎022-266-0897

所 仙台市青叶区国分町2-10-28 YS大厦1F 营 17:00～22:00(LO) 休 周日、节假日(GW、8/6～8除外) 交 从地铁·勾当台公园站步行3分钟 P 无

定禅寺大道的和食 无垢TO-YA

じょうぜんじどおりわしょくむくとうや

可享用套餐或是单点料理 充满时尚感的和食居酒屋

餐厅菜品活用各种食材，从定价950日元的应季海鱼炙烤刺身(食材、价格根据季节有所变化)到天妇罗等日式美食应有尽有。此外，餐厅还提供品种丰富的日本产红酒和传统日本酒。在正对着定禅寺大道的大厦内，一边品尝美食，一边透过玻璃窗眺望道边的榉树林荫道，别有一番情趣。

MAP 附录P.8 C-3

☎022-263-6069

所 仙台市青叶区国分町3-3-5 RISUZU大厦2F 营 17:30～翌日2:00(周日、节假日～24:00) 休 周一(遇节假日推迟一天) 交 从地铁·勾当台公园站步行5分钟 P 无

预约	可
预算	Ⓓ5000日元

店内装修是时下流行的现代风格。店内备有包间

店内最受欢迎的单品炙仙台牛寿司，6贯定价1010日元

炙醋腌鲭鱼刺身(左)与海胆天妇罗组合1580日元(下)

昔日的影子 隐藏在两条胡同里的美食景点

在昭和的余韵中过夜

一番町商业街里有两条胡同，那里隐藏着不少带有大正战后气氛的景点。在汇集老字号、名店的胡同惬意散步，发现自己心仪的店铺。

聚集不少小店的地方通称“文横”

せんだいぶんかよこちょう

仙台文化横丁

名称来源于活动照相馆“文化电影”。创建于大正时代的小巷，聚集了数不清的餐饮店。

冷盘
如果点啤酒或日本酒就会一起端上来的小菜。一般来说由包括刺身在内的4道菜组成。有时也会出现高级料理。

源氏
げんじ

MAP 附录P.10 B-2

营业60余年的日本居酒屋

店内只有吧台座席，老板娘会亲自招待客人。店里备有4种日本酒，为了防止过度饮酒，店内规定每人最多只能喝4杯。每点1杯酒就有配套的1道菜。这种风流的饮酒方式也让人流连忘返。

☎022-222-8485
所 仙台市青叶区一番町2-4-8 营 16:30～22:00 休 周日、节假日 交 从地铁·青叶通一番町站步行2分钟 P 无

座席只有11个左右。建于1950年

饺子元祖 八仙
ぎょうざがんそっせん

MAP 附录P.10 B-2

战后不久创建的人气饺子馆

1楼是吧台座席和加座，2楼是榻榻米座席

位于小巷里的名店，至今仍然保留着昭和时代的气氛。店内主营酒水以及与之搭配的中国菜，其中最受欢迎的是一口大小的煎饺。口感顺滑的水饺8个定价640日元，也是人气单品。

☎022-262-5291
所 仙台市青叶区一番町2-4-13
营 17:00～22:30（LO） 休 周日、节假日
交 从地铁·青叶通一番町站步行2分钟
P 无

煎饺
加入大蒜的煎饺鲜嫩多汁，8个定价580日元（照片为2人份），最受欢迎。

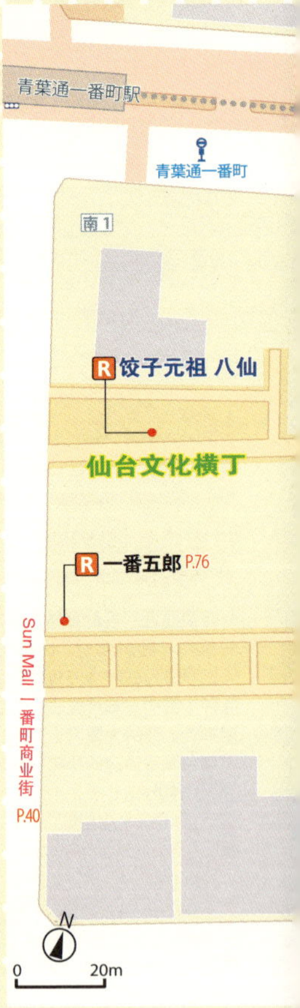

两条通道上的众多发现

いろはよこちょう

壹弐参横丁

在并排的两条通道上聚集了近100家店铺。这里既有经营午餐的咖啡厅，也有杂货店，白天来这里逛逛也是不错的选择。

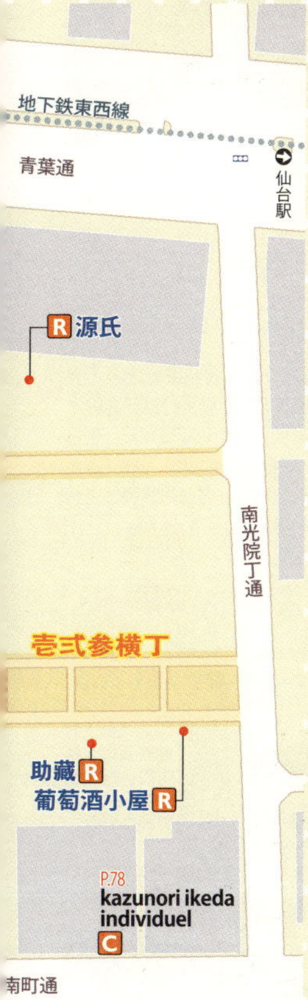

助藏

MAP 附录P.10 B-2

在木质田园风的店内比拼全国的美酒

小巧的店内只有吧台座席和3张单桌，但这里却汇聚了来自全日本的70多种名酒。菜品以精致的和食为主，搭配上各种各样的烧酒，让爱酒的人对这里念念不忘。

☎022-227-5177
所仙台市青叶区一番町2-3-28
营17:30～23:00 休周日、节假日、3/1、其他或有临时休息日 交从地铁·青叶通一番町站步行3分钟 P无

助藏主厨推荐套餐
套餐包括刺身、山形芋煮风芋头和仙台牛肉卷等5道菜。根据季节变化，食材有所不同。定价2700日元。

↑到处都是昭和的气氛。古朴的感觉令人心情愉悦

→据说店内的桌子和橱柜都是从古董店里淘来的

葡萄酒小屋

ぶどうしゅごや

MAP 附录P.10 B-2

正如店名一样，这里洋溢着轻松的气氛 胡同里的小店汇集了全世界的红酒

怀着轻松的心情到访这家红酒酒吧，你会发现这里汇集了产自意大利、西班牙和智利等世界各地的60余种红酒。菜品主打与红酒相配的肉类和奶酪等。店内轻松的气氛令人心情愉悦。

☎022-224-4022
所仙台市青叶区一番町2-3-28 营17:00～24:00（LO料理23:20 饮品23:40） 休周日 交从地铁·青叶通一番町站步行3分钟 P无

←1楼是吧台座席。座椅背后是红酒架

主厨推荐前菜拼盘
照片最前面是每日都会更换内容的前菜，定价730日元。左上方是极致鲜美的煮菜组合，共5种食材，定价1160日元。

→店内共有3层，第2层是单桌座席

发祥于仙台，精选的肉类与麦饭是绝佳搭配

平民美食牛舌

想要品尝仙台的味道，首先就从这里开始。
适度烘焙的柔软烤肉、麦饭与牛尾汤才是仙台的正确打开方式。

关于"牛舌"

战后不久，经营着一家烧烤店的佐野启四郎发现了炖牛舌的美味，经过改良，他制作出了适合日本人口味的烤牛舌，并大受好评。

牛舌套餐A 1500日元
套餐中包含4份大片的牛舌，吃起来非常有嚼劲。适当的咸度、弹牙的口感，堪称完美。

传承至今的初代味道
尽享柔软的大片牛舌

旨味太助

うまみたすけ

国分町 MAP 附录P.8 C-3

初代"太助"一手打造了牛舌餐的固定模式，而现在的这家旨味太助则完全继承了当初的味道。仅用盐和胡椒调味的牛舌经过炭火的烘烤，柔嫩多汁，令人拍案叫绝。口感清爽的牛尾汤也备受欢迎。

☎022-262-2539
所 仙台市青叶区国分町2-11-11
营 11:30～22:00（牛舌售完即止）
休 周一（遇节假日推后一天休息） 交 从地铁·勾当台公园站步行3分钟 P 无

预约 不可
预算 ⓁⒹ1500日元

坐在吧台座席可以直观烤牛舌的全过程

店铺装修充满昭和风情。白天这里经常会排起长队

超厚舌芯套餐 2150日元
把牛舌中心位置的"舌芯"部分切成厚厚的长条形，经过烤制，鲜嫩多汁。数量有限。

值得称赞的"舌芯"套餐
丰富的牛舌料理

伊达的牛舌本铺 本店

だての牛たんほんぽ ほんてん

仙台站西口 MAP 附录P.11 E-3

除烤牛舌外，店内还提供焖炖、咖喱和其他单点菜等多种多样的牛舌菜品。套餐上除了最具人气的超厚舌芯套餐外，还有可从咸味、味增或混合口味中三选一的牛舌套餐，定价1780日元。

☎022-722-2535
所 仙台市青叶区中央4-10-11 营 11:00～22:00（LO21:30）、卖场时间10:00～22:00
休 全年无休
交 从JR仙台站步行7分钟
P 无

预约 可
预算 Ⓛ960日元 Ⓓ1780日元

店内同时还开设了售卖牛舌特产的卖场

店内装修干净明亮，同时还提供当地酒

"极致"牛舌套餐 2333日元
精选稀少的牛舌根部，烤至半成熟。3枚牛舌切成6片，晚间定价2495日元（附赠小盘配菜）。

脂肪较多的超厚牛舌
弹牙又软嫩

利久 西口本店

きゅう にしぐちほんてん

仙台站西口 MAP 附录P.11 E-1

这家店在宫城县内外都开有多家分店，十分有名。在这里，顾客可以品尝到经过严选的上乘牛舌。配菜丰富的牛舌汤也极受欢迎。店里提供多种套餐，其中烤牛舌和精选海鲜盖饭套餐定价1598日元（周六、周日和节假日定价1814日元，仅限午餐）。

☎022-266-5077
所 仙台市青叶区中央1-6-1 Herb仙台大厦5F 营 11:30（周六、周日和节假日11:00）～15:00（LO14:30） 17:00～23:00（LO22:30） 休 全年无休 交 从JR仙台站步行5分钟 P 无

预约 可
预算 Ⓛ1598日元 Ⓓ1782日元

店铺位于时髦的餐饮大厦里面。在这里也能品尝到海鲜和当地酒

除吧台座席外，店里还有单桌座席和榻榻米座席。店内装修风格简明朴素

真正的精选食材。最高级的品牌

极致美味 仙台牛

"仙台牛"的肉质能够达到最高级的5星水准,因此被特许称为仙台牛。上乘的肉质与脂肪的美味,只需经过简单的烹饪就堪称完美。

关于"仙台牛"

与"米都"的称号相符,宫城县的牛饲料都是奢侈的稻草,因此才能培育出肉质鲜美的仙台牛。即便如此,真正能够达到条件苛刻的A5、B5级别的,也只有宫城县所产牛肉的3成而已。

精选仙台牛拼盘 10260日元
里脊肉、切成三角形状的外脊肉、霜降高级里脊肉和上等五花肉组成的拼盘。推荐蘸芥末酱油品尝。

精细的烹饪过程颇受好评
在这里品尝仙台牛的极致美味

仙台牛烤肉花牛

せんだいぎゅうやきにくはなぎゅう

仙台站西口 MAP 附录P.10 C-3

店内主打高级料理,食材只选用带有霜样的最高级仙台牛。食客们评论这里的料理早已超越了烤肉店的范围。在面类的选择上,店家放弃了一般的荞麦粉,带有盛冈风格的冷面反而大放异彩,定价950日元。

☎022-266-7716
所 仙台市青叶区一番町1-9-1 仙台Trust Tower2F 营 11:30~14:30(LO14:00) 17:30~22:30(LO21:30) 休 周二
交 从JR仙台站步行10分钟 P 有

预约 希望
预算 Ⓛ4000日元 Ⓓ1万日元

↑单间只有9个,推荐提前预约

↓限定精选仙台牛套餐定价12960日元

→店铺位于仙台Trust Tower2层,店内全部为单间

铁板烧牛排 极致仙台牛
里脊150g定价13199日元
食材选用A5级别的仙台牛中最美味、最高级的部分。牛肉入口即化,堪称极致体验。

就在眼前烤制的仙台牛
品尝铁板烧牛排的味道

铁板烧 牛排小次郎

てっぱんやきすていきこじろう

国分町 MAP 附录P.8 B-4

精选的食材,只在顾客面前的铁板上进行烹饪。想要尽情体验仙台牛的美味,那么推荐品尝一下这里的极致仙台牛套餐,定价16525日元。套餐食材每月会进行替换,主菜可从里脊肉和脊背肉中选择。

☎022-265-9449
所 仙台市青叶区立町15-3 营 17:00~22:00(午餐如5人以上需提前预约) 休 全年无休
交 从地铁·勾当台公园站步行10分钟 P 无

↓大厨的精彩烹饪也值得一观

预约 可
预算 Ⓓ13000日元

→1层装修简朴,有吧台座席18位。2层是带有铁板烧的单间

7800日元套餐
套餐定价从5300日元起,根据内容价格有所变化。根据预算商家给出的套餐颇受欢迎。

仙台牛搭配红酒
在包间中享受炭火烤肉

牛正 仙台店

ぎゅうまさせんだいてん

国分町 MAP 附录P.8 C-3

店内的仙台牛都是从市场直接整头买入的。该店主打搭配红酒来品尝牛肉。菜单上除了套餐以外还有很多烧烤和火锅。红酒的种类也是令人眼花缭乱。

☎022-393-4129
所 仙台市青叶区一番町4-9-1 Kaki德大厦3F
营 17:00~23:30(LO23:00) 休 周一不定期休息(需打电话确认)、周日 交 从地铁勾当台公园站步行2分钟 P 无

预约 可
预算 Ⓓ5000日元

↑店内只有单间,装修是古典的数寄屋造(日本建筑样式之一)风格

→仙台店的营业时间从17时开始。本店位于石卷市

清爽顺滑的夏季之面，来自仙台

中华冷面 鼻祖的味道

七夕祭典时中国料理店的生意就会下滑，为了挽救市场，冷面由此诞生。虽然是清爽的夏季美食，但在它的发祥地，冬天也能尽享美味。

关于“中华冷面”

冷面的诞生始于冷藏设备还不够完善的昭和初期。为了在炎热的夏季勾起人们的食欲特意添加了酸味，为了防止苦夏又增添了足量的蔬菜，这就是冷面的来源。

加入海蜇的五色中华冷面 1510日元
冷面中加入了海蜇和牡蛎等各种豪华的食材，满满一碗甚至让人看不到面。可自由选择酱油或麻酱作为蘸料。

蘸汁可以选择酱油或麻酱
豪华食材汇聚一盘

中国美点菜 彩华

ちゅうごくびてんさい さいか

国分町 MAP 附录P.8 C-3

创业于1925年的老字号中国料理店，在中华冷面的诞生中扮演了重要角色。近来店里新添了麻婆豆腐荞麦面等仙台新名产。如今的中华冷面与当初已经大相径庭，食材相当豪华。

☎022-222-8300
所 仙台市青叶区国分町2-15-1 2-3F 营 11:30～15:00 17:00～22:45（LO21:00、周五、周六LO21:45） 休 周一
交 从地铁·勾当台公园站步行4分钟 P 无

预约 可
预算 L 800日元 D 2000日元

➲除单桌座席外，店内还备有可容纳多人举办宴会的圆桌

➲仙台的新名产——麻婆豆腐荞麦面，定价950日元

凉拌面 1350日元
名称仍保持了中华冷面诞生时的名字。海蜇及蒸鸡肉等食材会用单独的盘子盛装，面也单独盛放在另一个盘子中。

进一步提高了仙台中华冷面的名声
创业于1931年的老店

中国料理 龙亭

ちゅうごくりょう りゅうてい

定禅寺大道 MAP 附录P.9 F-2

1937年，当时的“中华协会”会长与会员一起开发了冷面餐饮——凉拌面，后几人又一起开创了这家店。昭和后期，冷面的调配技术不断进化，最终形成了今天的味道。

☎022-221-6377
所 仙台市青叶区锦町1-2-10
营 11:00～14:30 17:30～21:00（周日、节假日17:00～20:30）
休 不定期休息
交 从地铁·勾当台公园站步行7分钟
P 无

预约 只能预约宴会
预算 L 918日元 D 1000日元

➲假日专门来这里吃凉拌面的食客会排起长龙

中华冷面 1080日元
配菜有蒸鸡肉、锦丝鸡蛋和番茄等。蘸取足量的自家制芝麻酱，来尽情享受美味吧。

台湾风格的中国料理店
用芝麻酱调配的中华冷面

中国料理 燕来香

ちゅうごくりょう エンライシャン

国分町 MAP 附录P.8 C-4

这家中国料理店由出身中国台湾的主厨掌勺。由于台湾菜里经常会使用芝麻酱调味，因此这家店的中华冷面也是用独创的芝麻酱调配而成。中华全套餐也是这里的人气单品。店内备有单桌座席和榻榻米单间。

☎022-262-7147
所 仙台市青叶区国分町2-2-2东芝仙台大厦B1-B2
营 11:30～23:00（LO22:00）
休 全年无休 交 从地铁广濑通站步行5分钟
P 无

预约 希望
预算 L 900日元 D 1000日元

➲店铺入口位于宾馆Grand Terrace仙台国分町地下一层

➲店内以单桌座席为主。地下二层都是单间

透着凉意的豆香令人回味

毛豆泥的清爽与甘甜

用夏季特有的毛豆碾制而成的“毛豆泥”
仙台特产甜品正在吸引越来越多的粉丝

关于“毛豆泥”

据说，伊达政宗曾把碾碎豆子的动作命名为“豆打(zuda)”，但是由于政宗也曾用刀碾制豆子，人们以讹传讹，这个词又变成为“镇太刀(jindachi)”。无论怎么说，毛豆泥与仙台都因缘颇深。

毛豆泥麻薯 659日元
每天新鲜制作的豆馅并不会很甜，食用时甚至能在口中感受到每一粒豆子的存在。打包的话632日元。

找到毛豆的风味 满满的豆馅口感滑腻

村上屋点心店

むらかみやもちてん

仙台站西口 MAP 附录P.10 C-4

这里制作点心的米都是产自宫城县的糯米——miyakogane。特产“毛豆泥麻薯”里面，装满了精心制作的毛豆泥馅。此外，能够同时品尝到“毛豆泥麻薯”“芝麻麻薯”和“核桃麻薯”三种口味的三色麻薯也值得一试，定价691日元。

☎022-222-6687
所 仙台市青叶区北目町2-38 营 9:00～18:00 休 不定期休息 交 从JR仙台站步行12分钟 P 无

预约 不可
预算 700日元

店内设有用餐区，可搭配咖啡食用点心，咖啡定价302日元

创业于1877年的老字号点心店现在由第四代店主经营

仙台特产毛豆泥芭菲 1030日元
毛豆泥奶油加上生奶油、毛豆泥冰淇淋与毛豆泥麻薯、抹茶和巧克力口味的布朗尼，所有食材完美组合让人欲罢不能。

宾馆美食 时尚的毛豆泥甜品

仙台国际宾馆咖啡屋

せんだいこくさいホテルコーヒーハウス

仙台站西口 MAP 附录P.11 D-3

开放式咖啡厅开在城市宾馆的一层。除了店内主打的毛豆泥芭菲之外，能够代表仙台气质的原创品牌茶饮“森林之馨”也颇受欢迎，定价1080日元。

☎022-268-1111(代表)
所 仙台市青叶区中央4-6-1 西安泰国际宾馆1F 营 7:00～20:00(LO19:30) 休 全年无休 交 从JR仙台站步行5分钟 P 有

预约 可
预算 1500日元

咖啡厅窗户很大，打造出一种宽阔感。即便不是宾馆的住客也可在这里享用美食

“森林之馨”是由大吉岭红茶和绿茶等调配而成的茶饮，附赠小点心

白玉糯米奶油凉粉 630日元
里面的毛豆泥馅、琼脂和糯米圆子全部都是店家自制。糖蜜有白蜜和黑蜜两种可供选择，馅料也有豆馅儿和小豆沙两种可选。

小路深处的日式咖啡厅 温柔香甜的毛豆泥凉粉

甜品店 彦一

かんみどころ ひこいち

国分町 MAP 附录P.9 D-3

快来这里品尝一下店内手工制作的甜品吧。毛豆泥专属菜单上除了650日元的毛豆泥麻薯之外，店家特制的包有毛豆泥馅的白玉糯米奶油凉粉也颇有人气。毛豆泥馅与糯米馅完美融合，口感甘甜。

☎022-223-3618
所 仙台市青叶区一番町4-5-41 营 11:00～19:00(LO18:30) ※活动期间可能有所变化 休 周一(遇节假日推后一天休息) 交 从地铁·勾当台公园站步行5分钟 P 有(合作停车场)

预约 不可
预算 700日元

店铺位于小路深处。这里过去曾是一家饭店，现在仍保留着过去的风情

除了甜品之外，也有很多顾客专程来这里品尝定价890日元的拉面套餐

新产品持续登场！
体验充满个性的美食

隐藏菜单与当地的食材
继牛舌和小竹叶鱼糕之后陆续登场的新型美食，快来加入挑战，看谁是下一任仙台特产美食。

仙台名物新潮菜品

麻婆豆腐荞麦面
1296日元
荞麦面先蒸后烤，外酥里嫩。午餐定价1030日元。到了晚间还有砂锅面供应。
（中国料理 口福吉祥 囍龙）

仙台海鲜盖饭 **1750日元**
特制的酱油蘸汁带有些许微甜。为了不破坏白色鱼肉纤细的味道，食用秘诀是让食材在蘸汁中过几遍。
（富贵寿司）

仙台青叶饺子 **410日元（5个）**
青叶饺子的特点在于它绿色的外皮中融入了传统青菜仙台雪菜。这样的外皮充满弹性，即便是放凉之后也不容易变硬。饺子馅里也加入了满满的雪菜。（一番五郎）

关于“伊达美味”
“伊达美味”是由仙台市举办的仙台美食评鉴会。除了这里介绍的3道菜品之外，被选中的还有经典的牛舌和毛豆泥，传统料理芹菜火锅和煮芋头等。

中国料理 口福吉祥 囍龙
ちゅうごくょうこうふくきっしょうシーロン

仙台站西口 MAP 附录P.11 E-1

辛辣的麻婆豆腐是决胜关键！
店里主打近年来成为话题之作的仙台新特产——麻婆豆腐荞麦面。虽然不同商家的制作方法不尽相同，但这家店的特色在于采用了混有两种豆瓣酱的四川风味麻婆豆腐。刺激性的口感与带有强烈小麦甘甜的荞麦面简直就是绝配。

☎022-212-4606
所 仙台市青叶区中央1-2-3 Mark One大厦1F
营 11:30～15:00（LO14:30）17:30～23:00（LO22:30、周日、节假日LO22:00） 休 全年无休 交 从JR仙台站步行2分钟 P 无

预约 可
预算 L 1000日元 D 3200日元

↑→现代风格的店内装修。店里提供绍兴酒和红酒等各种酒精饮品

富贵寿司
ふうきずし

国分町 MAP 附录P.8 C-4

海鲜盖饭里盛满捕获自当地的白色海鱼刺身
店内主营用产自石卷等近海地区的海鱼制作的寿司和海鲜盖饭以及高级料理。仙台海鲜盖饭的主要食材是产自当地的海鱼，特别是像比目鱼这种肉质呈白色的鱼类。一份盖饭有7～8种海鲜，具体种类每天或有所不同。

☎022-222-6157
所 仙台市青叶区一番町4-4-6 营 11:30～14:00 17:00～23:00（LO22:30） 休 周日、节假日
交 从地铁勾当台公园站步行5分钟 P 无

预约 可
预算 L 860日元 D 5000日元

↑从1948年一直延续至今的老字号寿司店

一番五郎
いちばんごろう

仙台站西口 MAP 附录P.10 B-2

绿色饺子超受欢迎
店内主营各种盛满当地农家所产蔬菜的拉面，比如定价670日元的蔬菜味噌拉面。白天店里以拉面为中心，晚间则主营饺子。仙台青叶饺子虽然白天晚上都可品尝，但晚上的饺子附赠辣味噌蘸汁。

☎022-222-8808
所 仙台市青叶区一番町2-3-30
营 11:00～15:00 17:00～24:00（LO23:30）
休 周日的晚餐 交 从地铁·青叶通一番町站步行3分钟 P 无

预约 希望
预算 L 800日元 D 1000日元

←店铺位于壱弐参横丁拱廊商业街的入口处

支撑仙台厨房的商业街

探索仙台早市的特产

在这条位于仙台站附近、城区中心地带的商业街上，从地产蔬菜到新鲜海产琳琅满目，应有尽有。

应季地产食材琳琅满目的仙台站前市民市场

市民市场诞生于“二战”后。市场里有水果店、海鲜店等大大小小共70家店铺，这里也被亲切地称为市民的厨房。虽然名为“早市”，但也有店铺会一直开到傍晚。

仙台站西口 MAP 附录P.11 D-2

☎022-262-7173（仙台早市商业街振兴协会） 所仙台市青叶区中央3-8-5 营8:00～18:00（各店铺有所不同） 休周日、节假日（部分商家营业）、12/31营业、1/1～4日休息 交从JR仙台站步行5分钟 P有（合作停车场、不同店铺提供的停车服务有所不同）

这里也能买到产自当地的食材

蔬菜、肉、鱼和副食品应有尽有

可以向店员打听应季食材有哪些

A 仙台曲葱（余目葱） 时价

特点是过火后会增添甜味。11～3月上市

A 芹菜 时价

在仙台煮菜里不可或缺的食材。根部1～3月、新叶4～5月上市

B 带壳牡蛎1个250日元（时价）

三陆产牡蛎味道浓郁，口感类似奶油。9～2月上市

A 仙台白菜（松岛纯二号） 时价

11～3月有售。菜叶甘甜柔软，生食也很美味

C 脆脆可乐饼 1个65日元

甘甜又软糯的可乐饼。食材选用产自北海道的马铃薯

E 石卷矢本产草莓——土地公主 时价

甜味浓郁，香气袭人。11～3月有售

B 金枪鱼脸颊肉 1盒650～1200日元（时价）

9～1月有售。非常适合做刺身、烤鱼排或配饭食用

D 毛豆泥团子 1串110日元

软糯的团子上敷了厚厚一层的高级甜味毛豆泥馅

D 红小豆糯米饭（混合口味）1盒410日元

一盒中包括3种口味，有山野菜配海苔、山野菜配油豆腐和红豆饭

※ 商品价格均为采访时的价格。上市时间可作参考。根据气候等因素变化情况可能不同。

A 今庄青果 本店
いましょうせいか ほんてん

店内主营各种当地产应季蔬菜。仙台白菜、仙台曲葱等仙台传统蔬菜都能在这里找到。

☎022-227-9547
营8:00～18:00
休周日、节假日

B 金华山 高野商店
きんかさん たかのしょうてん

店内提供价格合理的各种三陆产海鲜。在这里还能看到一些用稀缺部位肉类制成的手工副食品。

☎022-266-5260
营8:00～17:00
休周日、节假日

C 斋藤副食店
さいとうそうざいてん

店内主营各种煎炸副食品，特别是特产脆脆可乐饼。可乐饼面包这种面包类产品也很受欢迎。

☎022-267-1569
营9:00～18:00
休周日、节假日

D 花笠团子本铺 早市店
はながさだんごほんぽ あさいちてん

糯米团子和红小豆糯米饭均是当天新鲜制作。店内所用粳米和糯米均产自宫城县内。

☎022-261-7803
营9:00～15:30
休周日、节假日及不定期休息

E 板垣 早市店
いたがき あさいちてん

位于仙台早市西侧入口处的水果店，各种果品应有尽有。这里还供应由签约农场特别培育的礼品瓜果。

☎022-263-4567
营8:00～18:00（节假日～15:00） 休周日

用新鲜食材做BBQ&煮芋头美食会

在仙台早市的东四市场内，有一个屋顶啤酒花园。由于这里和市场直接相连，因此能够品尝到最新鲜的食材，颇受顾客好评。啤酒花园从5月开始，9、10月这里则变成了煮芋头花园。

● 东四啤酒花园／东四煮芋头花园
☎022-398-5153 所仙台市青叶区中央4-3-1 东四市场大厦3F 营15:00～22:00 休需提前确认 交从JR仙台站步行5分钟 票煮芋头套餐＋烤肉BBQ自助＋饮料自助（120分钟）3900日元 P无

在时尚的购物街忙里偷闲，来一份甜蜜的甜点

精致咖啡店里的名甜品

在时尚的街道上散步，总能发现一些格调很高的咖啡厅。
难得来一次，不如点一份咖啡或红茶，再配上美味的甜点，度过一段幸福的下午茶时光吧。

↑店内布满了店主从古董家具店收集的桌椅。有时店里还会举办现场音乐活动

→店铺位于远离城市喧嚣的安静地区。每到初夏时节的晴天，阳台座席总是最受欢迎的地方（右）

舒适惬意、带有阳台座席的咖啡厅

café Mozart Atelier

カフェ モーツァルト アトリエ

仙台城遗迹附近 MAP 附录P.10 A-4

室内播放着古典音乐的咖啡厅气氛安静而沉稳。在阳台座席上可以远眺广濑川风景。醇厚的莫扎特音乐搭配造型朴素的蛋糕让人流连忘返。

☎022-266-5333

所 仙台市青叶区米袋1-1-13 高田大厦B1 营 11:00～20:00 休 全年无休 交 从仙台站乘坐市营公交·八木山动物公园方向约8分钟，在片平丁小学前下车即到 P 有

↓蛋糕套餐750日元起。蛋糕可从7个种类中自由选择

预约	可
预算	850日元

造型简练的蛋糕让人应接不暇

kazunori ikeda individuel

カズノリイケダアンディヴィデュエル

仙台站西口 MAP 附录P.10 B-3

店里的甜点均由曾在巴黎有名的甜品店里供职的甜点师傅亲手制作，各种华丽的蛋糕让人眼花缭乱。除了招牌商品之外，这里还供应餐后甜品，比如颇受欢迎的饰有花朵和马卡龙的蛋糕，定价2550日元。

☎022-748-7411

所 仙台市青叶区一番町2-3-8

营 11:00（土·周日10:00）～20:00（周日～19:00） 休 不定期休息

交 从JR仙台站步行12分钟 P 无

预约	希望
预算	1200日元

↑咖啡区经常满员，建议提前预约

→甘味悠长、口感细腻的蛋糕最受欢迎

←招牌人气商品祇园蛋糕，定价490日元。这款抹茶蛋糕中嵌有产自意大利都灵的整颗栗子

夜幕降临，在真正的酒吧里度过静谧的时光

在地道的酒吧里放松自己

宫城县自古就有出产好酒的传统，再加上当地的Nikka威士忌工厂，当地人对洋酒的喜爱不言而喻，宫城县对酒的消费量可以排到日本第2位。

预约 不可
预算 3000日元

店内播放着爵士乐。菜单上并没有食物选项，适合餐后来这里坐坐

有年份的洋酒尽在这里
LE BAR KAWAGOE
ルバール カワゴエ

国分町 MAP 附录P.8 C-3

喜欢洋酒的人对这里一定会欲罢不能。从20世纪70年代的尊尼获加黑方到有一定年份的威士忌，你都能在这里找到。偶尔想小酌一杯的时候，不妨来这里坐坐。

☎022-213-2425

所 仙台市青叶区国分町2-10-28 FOX-B大厦2F
营 19:00～翌日3:00 休 全年无休 交 从地铁·勾当台公园站步行5分钟 P 无

酒吧装修简朴，时光在这里悄悄流逝

杰克玫瑰定价1620日元（左），像这种采用了时令水果制作的鸡尾酒也很有人气

预约 不可
预算 3000日元

为了营造安静的环境，入店客人1组最多3人

隐秘的居家酒吧
BAR Andante
バー アンダンテ

仙台站西口 MAP 附录P.11 D-1

在很有格调的气氛中，性格直爽的老板会亲自迎客，即使是初次到访也会令人感到放松。店主用自家制的生姜糖汁调配出来的莫斯科之骡鸡尾酒定价1200日元；像这类需要精细调配的鸡尾酒很受欢迎。

☎022-265-6117

所 仙台市青叶区中央2-11-13 YUUMENTO大楼3F 营 17:00～翌日1:00（入店～24:00）周日15:00～23:00（入店～22:00） 休 周一 交 从地铁广濑通站步行2分钟 P 无

为了保持味道与香气，禁烟也是最基本的礼仪

店主水户诚实性格温和，这也是酒吧的魅力所在

西红柿泡菜定价300日元（左），人气商品莫斯科之骡（右）

单一麦芽威士忌多姿多彩
Bar arcenciel

国分町 MAP 附录P.8 C-3

在吧台座席背后摆满了各种各样的威士忌，其中包括单一麦芽威士忌和混合威士忌等。采用了时令水果制作的果味鸡尾酒很有人气，定价1620日元。这是让成年人感到放松的酒吧。

☎022-712-6285

所 仙台市青叶区国分町2-10-21邦荣大厦B1 营 19:00～翌日2:00 休 周日 交 从地铁勾当台公园站步行5分钟 P 无

奢华而稳重的氛围

Springfiled一杯1080日元（左），宫城县限定的Nikka伊达一杯1080日元（右）

店内除吧台座席外还有单桌座席

预约 可
预算 3500日元

让人应接不暇的东北传统工艺品、特产

产于北国的珍品

这片土地拥有手工业文化，因此也希望大家能发现手工业之美。
这里既有在宫城各地广泛制作的、表情各异的传统小芥子木偶，也有历史悠久的雄胜砚台和仙台的民间瓦窑——堤烧等。

A 岛贯 本店

しまぬきほんてん

仙台站西口 MAP 附录P.10 B-2

充满乡土特色的工艺品琳琅满目

店内销售以小芥子木偶为首的各种东北地区民间艺术品、工艺品和日式杂货。商品以原创商品为主，充满了陆奥古国的风情。除了位于Marble Road大町商业街的实体店铺，顾客还可通过网络渠道进行购买。

☎022-223-2370
所 仙台市青叶区一番町3-1-17
营 10:30～19:30
休 全年无休 交 从JR仙台站步行10分钟
P 有（合作停车场）

B KANEIRI STANDARD STORE

カネイリスタンダードストア

仙台站 MAP 附录P.11 F-2

充满东北地区设计感的工艺品备受欢迎

店内精选了以“东北”为主题的手巾、文具等原创商品和具有设计感的杂货、文具等各式工艺品。除了位于S-PAL仙台东馆的店铺外，他家在仙台媒体中心(P)和仙台PARCO2的5层也有店铺分布。

☎022-353-5061
所 仙台市青叶区中央1-1-1 S-PAL仙台东馆3F
营 10:00～21:00
休 不定期休息（S-PAL仙台为准）
交 从JR仙台站直接相连
P 有（S-PAL停车场）

A 小芥子木偶
1080日元
鸣子小芥子木偶(左)和弥治郎小芥子木偶(右)。木偶大小各异

A 仙台达摩
1296日元
从江户时代延续至今的蓝色达摩。作为吉祥物深受喜爱

A 仙台堆朱茶筒（中）
2160日元
红漆漆器，特征是表面刻有花纹

A 小芥子木偶罐头
2052日元
罐头里放进了小芥子木偶。共有约14种图案，这里是弥治郎木偶

A 仙台时钟
（大）19440日元
（小）7776日元
使用与榉木材质的仙台橱柜相同的材料制作而成。是该店原创的仙台时钟

B 仙台玻璃杯
2160日元
以流经仙台市的河流中的砂子为原料，产品有酒杯和玻璃杯等各种品类

B 东北STANDARD原创手巾×名取屋染工厂
各1242日元
仙台的老字号印染工厂与KANEIRI联名制作的手巾

E 堤烧饭碗
3240日元
堤烧指在拥有300多年历史的伊达藩御用窑灶烧制的器皿。它的特点是质朴

C 带有粗糙切割面的石臼
10800日元
使用因雄胜砚而知名的雄胜玄昌石制成的石臼。使用方法多样

C 圆形粗糙切割面的石臼
8640日元
用雄胜砚石做成的带有北欧风格的圆形石臼。天然形成的石头纹路十分美丽

C 仙台七夕卡盒
各700日元
使用仙台七夕祭时用过的彩幡流苏和纸制作而成。每一个花纹都不一样

C 编筐 小
6912日元
用竹子和樱花的树皮编制而成。手柄则采用朴木制作

D 玉虫漆螺旋纹碗
红色 一对
4320日元
螺旋纹碗上一圈圈的螺旋纹打造出独特的光影效果

D 玉虫漆复合圆珠笔
赤莳绘 胡枝子花
5076日元
手持部分，搭配了手工描绘的宫城县县花胡枝子花的图案

D 玉虫漆
红酒杯 一对
8208日元
酒杯上的金箔是手工一点点贴上去的，之后又用黑漆描绘出胡枝子的花纹

D 玉虫漆钢笔
绿莳绘 凤凰(带桐木笔盒)
23760日元(含笔盒费)
白金的钢笔杆上，有专业师傅手绘的莳绘凤凰花样

E 仙台平 名片盒
女性用3672日元
男性用3456日元
用最高级的日式裤裙材料制成的名片盒。照片左为女性用

E 仙台平 八桥织 包袱皮
9504日元
使用诞生于仙台藩第四代藩主纲村时代的针织法织就的包袱皮

E 堤烧 酒器一套
4320日元
由于上釉的不同情况，每只器皿的花纹都略有不同。图片为一套酒壶和酒杯

※ 仙台平针织物每一件都是独一无二的，因此每件商品的色彩和花纹都有所差异

C 三好堂
みよしどう
仙台站西口 MAP 附录P.11 D-1

老字号玩偶店的原创小物

始于明治时代的老字号玩偶店，至今仍在售卖女儿节玩偶。近年来，店里也开始销售以七夕祭典为主题的原创小商品。

☎022-261-2361
所 仙台市青叶区中央2-2-29
营 10:00～18:00
休 不定期休息
交 从JR仙台站步行7分钟 P 无

D 东北工艺制作所 上杉展览室
とうほくこうげいせいさくしょかみすぎショールーム
青叶区郊外 MAP 附录P.9 E-1

出售玉虫漆工艺品

诞生于仙台的漆器工艺“玉虫漆”，其特点是色彩鲜艳、反光性强以及光润明亮。在上杉展览室里可以购买到玉虫漆的餐具和文具。

☎022-222-5401
所 仙台市青叶区上杉3-3-20
营 10:00～18:00
休 周六、周日和节假日
交 从地铁·勾当台公园站步行8分钟
P 有(合作停车场)

E 威斯汀酒店仙台 仙台纪念品
ウェスティンホテルせんだい せんだいスーベニア
仙台站西口 MAP 附录P.10 C-3

精挑细选的工艺品

威斯汀酒店仙台26层是精选店，这里有仙台平绸缎质地的钱包等传统工艺品和由设计师设计的各种小商品。

☎022-722-1234(代表)
所 仙台市青叶区一番町1-9-1 威斯汀酒店仙台26F 营 7:00～21:00
休 全年无休 交 从JR仙台站步行10分钟 P 有

想要一站式买足特产就来位于仙台站旁超级丰富的S-PAL吧

探索车站周边的高级点心和当地特产

2016年新开设了东馆，由此仙台站的特产越来越丰富了。在这里能够买到各地的特产，因此不妨在旅途的最后，一口气买下来吧。

A B 胡枝子之月

最有名的仙台点心。软软的蛋糕外皮里面包裹了满满的蛋奶冻奶油。6个一盒，售价1200日元

●菓匠三全 A／菓匠三全 TRAD B

C 风趣艸菓 MITOWA

日式点心，在猫舌饼上薄薄铺满一层入口即化的“淡雪”。口感意外的轻盈，非常美味。5枚一盒，售价648日元

●菓匠 MITOWA

C 栗原生果酱

使用产自宫城县栗原的草莓、毛豆泥和蓝莓等制作的果酱，极大程度保留了食材原本的颜色与香气，尽量在不破坏营养的情况下进行调味。160g1瓶售价551日元，3瓶一套的礼盒售价2095日元

●来自田野的sweets

A C Royal Terrasse

菓匠三全拓展西式点心高级产线的代表作。酥脆的奶油甜饼干里夹着特约农场培育的土豆馅，稍微带有一丝酸味和白巧克力的味道。6个一盒售价1510日元

● Royal Terrasse A／Royal Terrasse C

C 田野的毛豆泥

使用产自宫城县的毛豆制作，并且保证每天早上新鲜采摘。带有高级甜味的馒头里面，包裹了口感丰富的毛豆泥馅和牛奶。一盒4个售价500日元、一盒8个售价1080日元

●来自田野的Sweets

C 毛豆泥淡麻薯 zun

新口味的点心，外皮晶莹剔透，弹力十足，里面包裹香气四溢、风味独特的新鲜毛豆泥馅。6个一盒售价702日元

●来自田野的Sweets

A 毛豆泥馅·油酥饼干

新式点心，柔软的曲奇饼干外皮包裹着毛豆泥馅烘烤而成。6个一盒售价900日元

●杜之菓匠 玉泽总本店

A B 黑糖馒头

甜味高级，口感软糯，带有黑糖的香气。1个售价108日元，6个售价780日元起。此外还有一口大小的迷你版。厂家也提供在红糖工厂蒸熟后的现成品。

●杜之菓匠 玉泽总本店 A／黑砂糖工房 B

A 精选毛豆泥

升级版的仙台特产毛豆泥麻薯，只选用最高级的原材料。1人份毛豆泥会盛放在小纸杯中，食用方便。1杯450日元，3杯一套1425日元

●杜之菓匠 玉泽总本店

A 烟熏牛舌薄片

樱花色的薄片经过烟熏，散发幽香，勾人食欲。130g售价1080日元

●伊达牛舌本铺

A 牛舌仙贝

把牛舌片经过加工烧制成仙贝，既可当作小菜也能当作零食。一盒8袋，2片一袋，售价645日元

●伊达牛舌本铺

A 厚切盐渍牛舌芯

经过简单调味的盐渍牛舌，极大程度保留了食材本身的味道。虽然肉片较厚，但柔软有嚼劲的口感让人不禁感慨于它的分量。一盒2包，每包130g，售价3240日元

●伊达牛舌本铺

C 大豆巧克力

巧克力中包裹着产自仙台的大豆，大豆的芳香与甘甜带来全新的口感。巧克力共有6种口味，每包330日元

●Maison de Gateau · TANABATA

C 大豆色子

做成色子形状的仙台大豆曲奇。除原味外，还有南瓜菠菜、胡萝卜等混合口味。每盒售价380日元

●Maison de Gateau · TANABATA

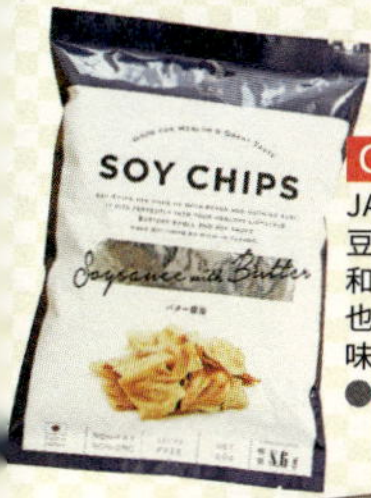

C 大豆薄片

JA仙台公司所生产的新产品"仙大豆"。比起土豆片糖分更低，蛋白质和植物纤维更加丰富。调味香辛料也是精挑细选，最终调制出4种口味，每包售价290日元

●Maison de Gateau · TANABATA

C 生巧松露（抹茶）

茶叶公司井田旗下的新牌子"LEAFELL"，一款非常适合配茶的成人巧克力。入口即化的生巧包裹着抹茶味的生奶油。一盒4个，售价594日元

●LEAFELL

A B 喜久大福（毛豆泥生奶油）

人气大福产品，里面包裹着毛豆泥馅和生奶油，此外还有抹茶奶油、小豆沙等4种口味。4个一盒，售价514日元起。Agurie之森店里还有仙台一口迷你毛豆泥麻薯售卖

●茶之井田 喜久水庵A／Agurie之森 mitte B

A 年轮蛋糕（抹茶）

老字号茶屋生产的原创抹茶年轮蛋糕，精选宇治抹茶，只为最好的味道。蛋糕直径13.5cm，售价1080日元

●茶之井田 喜久水庵

A B 千日麻薯

软糯的外皮口感独特，中间包裹着各种口味的内馅，如红小豆、毛豆泥或金芝麻。8个一盒，售价1099日元

●茶之井田 喜久水庵A／Agurie之森 mitte B

A 阿部的鱼糕

老字号商家所生产的仙台特产"竹叶鱼糕"。食材全部经过师傅的精挑细选，力求保留海鱼最原始的鲜美。鱼糕是当家人气产品。8枚一包，售价1520日元

●阿部蒲铎店

商品种类丰富的车站购物中心

S-PAL仙台

エスパルせんだい

仙台站 MAP 附录P.11 E-2

购物中心与JR仙台站无缝衔接，从时装到杂货，从土特产到餐厅，商场共有约330个商家入驻，在这里同时可以享受到购物与美食的乐趣。

☎022-267-2111 所仙台市青叶区中央1-1-1
营10:00~21:00（餐厅11:00~23:00、部分商家或有差异）
休不定期休息 交从JR仙台站直接相连 P有

A 特产大街

おみやげどお

S-PAL仙台 本馆B1

从种类丰富的商品中挑选伴手礼

这里汇聚了售卖各种仙台代表性特产的约50家店铺，顾客可以充分体会到名店的魅力。这里销售的名特产、名点心种类繁多，令人目不暇接。

营9:00~21:00
休S-PAL仙台相同

B 伊达小道

だて的こみち

S-PAL仙台 东馆2F

很多商品只在这里有

这里汇集了多家著名店铺，排列整齐的商品琳琅满目，现场演示销售和外带服务都非常完备。同时，这里还有销售东北地区各种食材的商家。

营10:00~21:00
休S-PAL仙台相同

C SWEETS GARDEN

スイーツガーデン

S-PAL仙台 东馆2F

仙台最火的糕点都在这里

这是汇集了发源于仙台的各种日式点心和西式点心的人气店铺。此外，部分点心名店还在这里设置了新推出的甜品品牌店。

营10:00~21:00
休S-PAL仙台相同

↑本馆入口

> **注意的地方**
> **眼镜桥（旧小泷泽桥）**
> 建于1939年，使用产自秋保的石头建成，桥长20.8m，宽4.5m，俗称眼镜桥。虽然不可通行，但春季这里樱花盛开，十分美丽。
> MAP 附录P.2 A-3

从仙台出来即到。沿溪流分布的温泉之乡

秋保温泉

有きうおんせん

沿名取川而建的温泉，拥有1500年的历史。
从仙台市内乘车30分钟即到，交通便利、环境优美，作为仙台的后花园，备受欢迎。

治愈了皇室和伊达政宗的仙台后花园

据说，6世纪时患上皮肤病的钦明天皇就是把这里的温泉水运到京城病才痊愈的，因此这里也成为皇室御用温泉“日本三御汤”之一。这里弱碱性的温泉水与丰富的水资源贮藏，曾经也是伊达政宗的最爱。来这里泡泡著名的温泉再看看雄伟的风景与充满个性的工艺品厂房，一定是一段快乐的旅程。

交通information

驾车 从仙台市出发，经由国道48号、县道132号行驶18km
巴士 在仙台站前乘坐TAKEYA交通公司的高速巴士·仙台西部线，到秋保·里中心下车，行程约30分钟。

一边泡脚一边收集信息

秋保·里中心同时还设有观光旅游中心，游客可在这里租借免费的自行车（押金1000日元，还车时返还），或者享受泡脚的乐趣。

秋保·里中心 MAP 附录P.12 B-2
☎022-304-9151 所仙台市太白区秋保町汤元寺田原40-7 开9:00～18:00，租借自行车和泡脚仅限4～11月，雨天停用 休全年无休

开放式泡脚温泉“寿右门之汤”（仅限周六、周日及节假日）免费使用

秋保大瀑布

有きうおおたき
MAP 附录P.2 A-3

万马奔腾的名瀑布

秋保大瀑布雄伟壮观，瀑布宽6m、高55m。瀑布入选“日本百大瀑布选”，全年都可以观赏到美丽的景观。这里设有从上向下眺望瀑布的眺望台，以及一直蜿蜒到瀑布下方的廊道，游客可近距离欣赏瀑布之美。

泷见台位于山形县立石寺（山寺）里院的秋保大泷不动堂内

春天瀑布水量最大，秋季这里则是赏红叶的好地方

☎022-398-2323（秋保温泉乡观光旅游中心） 所仙台市太白区秋保町马场大泷 开休票可自由参观 交从秋保文化之里中心乘车20分钟/乘坐宫城交通巴士·秋保大瀑布方向（周六、周日及节假日限定）22分钟，在终点下车即到 P有

毛巾、肥皂和洗发香波需付费

秋保温泉共同浴场

有きうおんせんきょうどうよくじょう

MAP 附录P.12 A-1

当地人最爱的共同浴场

这是秋保温泉里唯一的一处男女混浴浴场。每间小巧的浴室里只有1艘浴船，只能容纳3～4人同时进入。碱性泉水一直保持着热度，不容易降温，因此它的别名也叫“温之汤”。

☎022-398-2774
所仙台市太白区秋保町汤元药师100
开8:00～21:00 休每月第4个周三 票300日元 交从秋保文化之里中心乘坐宫城交通巴士约22分钟，在秋保温泉汤元站下车即到 P有

仙台万花筒美术馆

せんだいまんげきょうびじゅつかん

MAP 附录P.12 C-2

走进神秘的万花筒世界

这里是万花筒的博物馆，馆里不仅有19世纪的古董万花筒，也有出自现代手工艺人之手的大型万花筒，同时还有可以通电的万花筒等，游客可以自由触摸、观赏。此外，游客还可以亲手制作万花筒，这项服务很受欢迎。

这里还展示有陶艺家·辻辉子的很多作品

☎022-304-8080 所仙台市太白区茂庭松场1-2
开9:30～17:00（入馆时间～16:30） 休全年无休（冬季会有临时休息） 票900日元 交在秋保文化之里中心乘坐宫城交通巴士约3分钟，在松场下车即到 P有

秋保工艺之乡

有きうこうげい的さと

MAP 附录P.12 A-2

观赏传承下来的传统技艺

这里集中了小芥子木偶、陀螺、仙台柜和阴沉木工艺等7大种类的9家手工艺工厂。游客在这里既可以参观手工艺的做法，也可亲自进行体验。

近距离参观手艺人的工作

头顶绘有“乙”字的秋保小芥子木偶。游客可体验绘画过程

☎022-398-2673 所仙台市太白区秋保町汤元上原54 开9:00～17:00 休不定期休息 票免费参观，体验需1000日元～（不同内容票价有所差异，需预约）
交在秋保文化之里中心乘坐宫城交通巴士约2分钟，在秋保温泉汤元下车，步行20分钟 P有

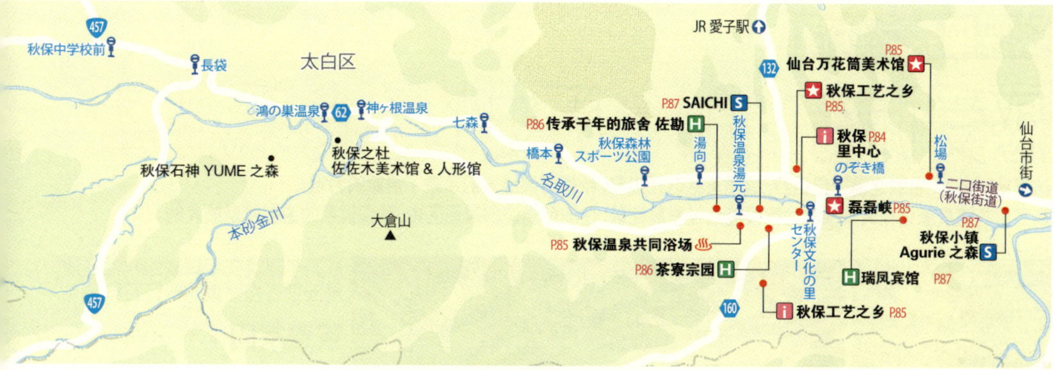

磊磊峡

らいらいきょう

MAP 附录P.12 B-2

连绵的奇岩怪石与清澈的溪谷

峡谷里堆满奇岩怪石，最深处可达20m。从觋桥至下流之间有一条长约650m的散步道，或者游客也可以选择位于秋保·里中心深处的散步道“磊磊峡红叶小道”，体验峡谷的四季之美。

从觋桥上可以眺望名取川两岸由泉水侵蚀而形成的奇观

☎022-398-2323（秋保温泉乡观光案内所） 所仙台市太白区秋保町汤元枇杷原 开休票可自由参观 交从秋保文化里中心步行3分钟 P有（秋保·里中心停车场）

由秋保的风土所孕育的葡萄酒也值得关注

新发售·仙台第一个地产红酒

秋保葡萄酒厂

あきうワイナリー

这是仙台唯一的一家葡萄酒厂，酒厂前有一片占地两公顷的葡萄园。通过玻璃窗，游客可以参观酿酒的过程，同时这里还设有商店和咖啡厅。

开业于1924年。酒厂内提供付费试饮服务

MAP 附录 P.12 B-1

☎022-226-7475 所仙台市太白区秋保町汤元枇杷原西6
营9:30～17:00 休周二 交从秋保文化里中心步行6分钟
P有

在与伊达家因缘颇深的旅舍
享受历史悠久的名汤

传承千年的旅舍　佐勘

でんしょうせんねんのやど さかん

MAP 附录P.12 A-1

这家旅馆代代坚守着秋保温泉的温泉守护人一职。旅馆一边恪守传统，一边不断创新。目前旅馆共由三大馆组成，其中客房“飞天室”颇为有名。在宽敞的空间内，游客可以尽情享受历史名汤的温暖，品尝使用当季食材制作的会席料理。

☎022-398-2233

所仙台市太白区秋保町汤元药师28

交乘坐宫城交通巴士，在秋保温泉汤元下车即到／在JR仙台站乘坐免费观光巴士约40分钟（需预约）

P有　in15:00　out11:00　室173室

预算1晚2餐　19590日元

1.带有独立阳台的HITEN ROOM　738　2.带有露天浴池的客房（333号室）　3.精选早餐是自助餐形式　4.在男性大浴场旁边设置的露天浴池　5.露天浴池“河原之汤”旁边就是名取川　6.夜间限定咖啡厅“神仙无处不在”，在这里游客可以享受到手冲咖啡和唱片音乐

秋保温泉之住宿

感受拥有1500年历史的治愈系温泉

这里古时名为“名取之汤”，自6世纪钦明天皇时代以来，秋保温泉给人们带来了治愈的力量。
高品质的温泉旅馆和大规模的住宿设施已经发展完备，在仙台周边的风景区中，秋保温泉的游客量是最大的。

1.庭园风景四季分明　2.别馆客房十分宽敞，有两间普通客房大小　3.色彩艳丽的怀石料理只选用时令食材制作　4.大浴场为男性和女性顾客都准备了室内浴池和露天浴池

庭园与建筑交相辉映的秋保名汤
用五官去感受美丽的怀石料理

茶寮宗园

さょうそうえん

MAP 附录P.12 A-2

占地约26400m²的宽广日式庭园内，分别坐落着几栋纯日式数寄屋造建筑。客房分为本馆与别馆两种。其中，别馆客房中有9间带有露天浴池。游客可以一边欣赏庭园风光，一边感受治愈性的时光。

☎022-398-2311

所仙台市太白区秋保町汤元釜土东1

交从秋保·里中心步行5分钟／乘坐宫城交通巴士在药师站下车即到／在JR仙台站乘坐免费接送巴士约40分钟（需预约）　P有

in15:00　out11:00　室26间

预算1晚2餐　37950日元

在绿意盎然的溪边
享受别有情趣的露天浴池

瑞凤宾馆

ホテルずいほう

MAP 附录P.12 B-2

宾馆位于名取川边，从这里可以眺望秋保温泉的胜地——磊磊峡。宾馆备有6种露天浴池，如全身打击按摩汤、全身站立泡汤等。这里的自助餐也十分出名。别馆“樱离宫”的每一间客房都自带露天浴池，不妨试试。

☎022-397-1111
所仙台市太白区秋保町汤元除26-1
交乘坐宫城交通巴士在磊磊峡下车／在JR仙台站乘坐免费接送巴士约40分钟 P有
in15:00 out10:00 室117间
预算1晚2餐 1万4000日元
※随到随泡汤 10:00～15:00（最晚入汤～14:00）／1330日元／不定期休息

1. 能够欣赏四季美景的日式庭园中有一座露天浴池
2. 自助餐菜品十分丰富，四季食材应有尽有
3. 除宽敞的和室之外，宾馆还有时尚的西式房间
4. 在温水泳池和全身美容院等完善的设施内尽情享受温泉乐园带来的舒适

秋保温泉餐饮&手工特产

名店、只有熟客才知道地方特产牡丹饼。
秋保小镇里除了丰富的当地特产以外，还有很多餐饮设施和日式庭园。

用自制面粉制作的荞麦面

穰庵

じょう有ん

这家手工荞麦面店位于秋保大瀑布附近，它的名称来自众所周知的名店“TAMAKI庵”。店里提供很多荞麦名品，比如二八配荞麦和十成农家荞麦等。有很多游客专门慕名而来。

MAP 附录P.2 A-3

☎022-399-2120 所仙台市太白区秋保町馬场大滝8-1 营11:00～15:00
休周四 交从秋保文化之乡驾车约20分钟／乘坐宫城交通巴士秋保大瀑布方向（周六、周日及节假日限定）约22分钟，在终点下车即到 P有

➡店内装修为田园农家风格。店内备有单桌座席和榻榻米座席

⬇田园荞麦面一份900日元，完全使用荞麦面粉打制而成的

自家制牡丹麻薯十分出名

SAICHI

开业初始，商家只是想为在温泉街上工作的人们开一家超市，但后来店主自制的牡丹麻薯意外走红。有些游客远道而来，专门来这里采购牡丹饼，由此温泉街也变得热闹不已。近年来这里的副食品也很受欢迎。

⬆位于温泉街中心的超市。副食品和便当很受欢迎

➡大号的牡丹麻薯。内陷包有红小豆、芝麻和黄豆粉等，2个售价216日元

MAP 附录P.12 A-1

☎022-398-2101 所仙台市太白区秋保町汤元药师27 营9:00～19:30 休每月第2、第4个周三（节假日正常营业） 交在秋保文化之乡中心乘坐宫城交通巴士约2分钟，在秋保温泉汤元下车即到 P有

秋保特产琳琅满目

秋保小镇Agurie之森

有きうヴィレッジ アグリエ的も

物产馆里售卖以秋保地区为中心的地产农产品、县内的加工农产品和各种特产等。馆内还设有餐饮区，游客可以品尝使用这里销售的蔬菜制作的料理，以及牛舌等当地美食。

⬆在该建筑里面有一座浸有茶叶的泡脚温泉

⬇特产仙台味噌口味蛋糕，售价648日元

⬆使用应季蔬菜制作的秋保蔬菜披萨，售价600日元

➡Agurie之森原创的茶叶——秋保美人，售价864日元

MAP 附录P.12 C-2

☎022-302-6081 所仙台市太白区茂庭中谷地南32-1 营9:00～18:00（餐饮区LO17:30） 休全年无休 交在秋保里中心乘坐宫城交通巴士约4分钟，在中谷地下车即到 P有

据说仙女听到这里的瀑布声，错以为是笙箫演奏的音乐，于是从天而降来到这里

走出仙台●作并温泉

临近山形县的山间宝地

作并温泉

さくなみおんせん

位于广濑川溪谷沿岸的雅致名汤。自古就与秋保温泉并称仙台的后花园。

瀑布落差25m，宽10m。在庄严的瀑布声中欣赏周边的雪景，这就是美丽的凤鸣四十八瀑布

趣味丰富的温泉之旅 滋养美人的热汤

据说这里的温泉被发现于奈良时代，源赖朝在征讨奥州的途中也曾来到这里小憩。根据伊达藩的历史，作并温泉正式开发于宽政8年(1796)。由于泉水有滋润肌肤的功效，因此它也被称为“滋养美人的热汤”。在各个温泉旅馆内，都备有形式多样的浴场，比如能够眺望到溪谷野趣的露天浴场、岩石浴场、站立式浴场等，游客在这里可以尽享温泉的乐趣。

交通information

驾车 从仙台市内出发经由国道48号，行驶28km
铁路 在JR仙台站乘坐JR仙山线至作并站下车 约40分钟
巴士 在仙台站前乘坐市营公交·840系统(作并温泉方向)至作并站前下车 约1小时

凤鸣四十八瀑布

ほうめいしじゅうはちたき

MAP 附录P.12 B-4

无数的瀑布奏响美丽的水中音乐

大大小小的瀑布呈阶梯状一路从广濑川上流奔腾而下，演奏出美丽的水中音乐，仿佛是传说中的凤凰在歌唱。这里四季景色各异，动听的水声仿佛拥有治愈人心的力量。

☎022-395-2052(仙台市作并·定义地区旅游观光中心) 所 仙台市青叶区作并棒目木 开休票 可自由参观 交 在作并站前乘坐市营公交·S840线约3分钟，凤鸣四十八滝入口下车即到 P 有

诞生于清澈溪谷中的威士忌酒厂

工厂参观

Nikka威士忌 仙台工厂 宫城峡蒸馏所

ニッカウイスキー せんだいこうじょう みやぎきょうじょうりゅうしょ

在广濑川与新川的清流之间有一片被森林包围的宫城峡谷，这里分布着几座蒸馏工厂和仓库。在导游的陪伴下进行工厂参观的旅游项目非常火热，游客也可以在游客大厅进行免费试饮和购物。

MAP 附录 P.12 B-4

☎022-395-2865 所 仙台市青叶区Nikka1 开 工场参观9:00～11:30 12:30～15:30(10名以上团队需提前预约) 休 1、8、12月有不定期休息 票 免费参观 交 在作并站前乘坐市营公交S840线约1分钟，在Nikka下车，步行15分钟(从JR仙台站可乘坐免费接驳车，仅限周六、周日及节假日) P 有

映衬在绿色森林中的红色砖结构蒸馏所和瓦窑

包含试饮在内，参观时间预计1小时

极乐山西方寺

ごくらくざんさいほうじ

MAP 附录P.12 B-3

平式家族落难之人的结缘寺

平重盛的家臣平贞能在落难之后曾经隐居这里，并将其改名为定义，在这里为平式一族祈福。由于“定义如来”非常受人喜爱，因此人们常常把这里看作是结缘、求子安胎的福地。

☎022-393-2011 所仙台市青叶区大仓上下1 开7:00～16:30 休全年无休 票免费 交在作并站前乘坐市营公交S840线至熊根桥下车步行7分钟，再乘坐 S845线约18分钟，在定义站下车，步行3分钟 P有

宫城县最早的五重塔建于1986年，塔高29m，使用青森扁柏建造。四季风景秀丽的净土庭园也值得一看

热门景点

镰仓山（大猩猩山）

耸立在作并街道（国道48号）边上的镰仓山，高约520m。由于山形看起来很像大猩猩的头部，因此它也被称为大猩猩山。

MAP 附录P.12 B-4

求姻缘的灵验圣地

汤神神社

ゆ与みじんじゃ

MAP 附录P.12 A-3

热汤之神&结缘神

“鹰泉阁 岩松旅馆（P）”所祭祀的就是热汤之神。据说，如果向神社内的地藏菩萨身上浇上“小瓶恋之热汤”，就能保佑恋情顺利。

☎022-395-2211（鹰泉阁 岩松旅馆） 所仙台市青叶区作并元木16 开休票免费自由参观 交在作并站前乘坐市营公交S840线约5分钟，在作并温泉元汤站下车即到 P有

正冈子规也十分喜爱这里丰饶富有生命力的自然环境

在通往极乐山西方四山门的大门前面有不少美食店，可以品尝三角定义油炸豆腐和炒饭等

重走奥州小道、走进山中寺院

登上松尾芭蕉留下千古名句的古刹石阶，享受绝美的自然景色

松尾芭蕉曾在奥州小路的旅途上（P）吟诵“闲静一何极，蝉声侵入青岩里”，这段逸事就发生在宝珠山立石寺。在杉木林立的山腰处有一条一直蜿蜒到山顶的石梯，总计1015级。从这里眺望远方，别有一番情趣。比起驾车，乘坐电车来这里更加便利。

宝珠山立石寺（山寺） MAP 本志P.2 B-3

☎023-695-2002 所山形县山形市山寺4456-1 开8:00～17:00 休全年无休 票300日元 交从JR山寺站步行7分钟 P无（可利用周边停车场）

百丈岩上建有开山堂，从这里可眺望山下的美景

享受形式多样的浴场
与大山共呼吸的旅馆

YUZUKUSHI Salon 一之坊

ゆづくしサロンいち的ぼう

MAP 附录P.12 A-3

旅馆采用“一站式付费”的经营模式，旅费中包含所有美发沙龙和餐饮等活动，因此顾客不必担心负担额外费用，可安心享受各种设施。旅馆内共备有8种形式的温泉，如位于溪流沿岸的露天温泉和让人联想到秘密温泉的天然温泉等。

☎022-395-2131

所仙台市青叶区作并长原3　交从JR作并站乘坐市营公交S840线约5分钟，在作并温泉元汤站下车，步行5分钟即到（此外还有从作并站出发的免费接送车）／从JR仙台站乘坐免费面向住客的巴士约50分钟（需在前一天预约）　P有　in 15:00　out 11:00　室118间　预算 一站式付费1晚15984日元
※随到随泡温泉时间需在官网上确认／不定期休息

1.宽敞的和式房间内备有双人床　2.厨师现场制作的自助餐　3.能够观赏到美景的广濑川源流露天温泉，里面备有4个浴池和蒸艾草浴池　4.泡完温泉后在阳台上来一杯生啤，别有滋味　5.从阳台上可以眺望近山处四季变换的美景

作并温泉之住宿

文人骚客最爱的地方

作并温泉过去只有很少一部人才知道，后经过江户中期的开发，越来越多的历史名人来到这片被大自然包围的温泉胜地，其中包括正冈子规、土井晚翠和白洲次郎等人。

1.作为仙台的后花园，这里是文人骚客的最爱　2.青叶馆的和式房间，宽敞明亮，十分舒适　3.保留着建馆初期风韵的天然岩浴场。平常时段是男女混浴，此外也有女性专用时间　4.旅馆旁边就是广濑川的潺潺溪流

作并温泉的发祥地
天然涌出的流水岩浴池

鹰泉阁 岩松旅馆

ようせんかくいわまつょかん

MAP 附录P.12 A-3

创业于1796年的老字号旅馆。沿着88级阶梯走下去，就会看到4个天然的岩浴池。大浴场的不二汤号称“延年益寿之汤”，据说在这里泡一次就能延长3年的寿命。从广濑馆还能眺望到优美的山谷景色。

☎022-395-2211

所仙台市青叶区作并元木16　交从JR作并站乘坐市营公交S840线约5分钟，在作并温泉元汤站下车即到（此外还有从作并站出发的免费接送车）　P有　in 15:00　out 11:00　室91间　预算 1晚2餐10800日元
※随到随泡汤　11:00～15:00（中欧日及节假日～14:00），受理时间截止到各结束时间前1小时/1270日元（周六、周日及节假日1570日元）/全年无休（临时休息）

品尝应季美味的精致日式料理 在温泉中放松身心

片栗旅馆

かたくのやど

MAP 附录P.12 A-3

作并温泉号称“滋养美人的热汤”，在这家旅馆中，游客可以在浴池中享受到丰富水量的温泉水。旅馆提供精致的早餐和晚餐。全部客房均为日式房间，简朴的装修风格让人不禁产生怀旧之感。

☎022-395-2041 所仙台市青叶区作并元木2 交从JR作并站驾车约10分钟(此外还有从作并站出发的免费接送车，需预约) P有 in15:00 out10:00 室26间 预算1夜2餐10950日元
※随到随泡温泉 10:00～15:00/700日元(周六、周日及节假日900日元)／全年无休

1.女性游客很喜欢这里可自由选择的浴衣(免费出借)，也有儿童浴衣 2.晚餐是使用宫城县产应季食材制作的日式料理 3.在“佐藏之汤”露天温泉可以欣赏山间四季变换的优美景色

作并温泉的餐饮处与手工特产

当地建有一座威士忌酒厂，从这就可以看出作并之水天然澄净，品质极高。用如此甘甜的泉水灌溉的蔬菜和制作的豆腐也是别有一番风味。

自产自销的餐厅
Pizzeria vegetariana L' Albero

ピッツェリア ヴェジタリアーナ アルベロ

餐厅使用签约农场生产的有机无农药蔬菜制作披萨和意大利面等美食。午间套餐1450日元起。烤点心300日元起，自制辣椒橄榄油350日元。

MAP 附录P.12 C-4

☎022-392-9570 所仙台市青叶区上爱子白泽23-1 营11:00～22:00(周三～16:00) 休周三的晚餐时间、周四 交从JR作并站乘坐市营巴士S840线约8分钟，在上爱子小学站前下车，步行5分钟 P有

汇集10种蔬菜的披萨(中)售价1700日元。店内提供大、中、小3种大小的披萨

店内共有42个座席。此外还有阳台座席

人气特产炸馒头
Tutumi屋 作并店

つつみや さくなみてん

位于作并站附近的日式点心店。店里的人气产品是“炸小包”，用油炸过的外皮内部包裹着带有核桃的红小豆馅。此外，毛豆泥、核桃、酱油、豆沙和芝麻5种口味的团子串也很受欢迎。

店内也没有饮食区

团子串1串140日元。6串一盒1150日元

炸小包1个108日元(单独包装)。10个一小箱1274日元

MAP 附录P.12 B-4

☎022-395-2165 所仙台市青叶区作并相泽32-7 营8:30～18:00 休全年无休 交从JR作并站下车即到 P无

新鲜出炉的油炸豆腐无与伦比
定义豆腐店

じょうぎとうふてん

位于定义如来门前町的豆腐店。特产厚切“三角定义油炸豆腐”搭配酱油和七香辣椒粉，十分美味。该店原创的七香辣椒粉十分独特。特产油炸豆腐5个一包，售价600日元。

建筑外观看起来很新，但实际上这是从明治时代延续至今的老字号商家

除了店内座席，也可在屋檐下的区域内饮食

三角定义油炸豆腐1个130日元。生豆浆1杯100日元

MAP 附录P.12 B-3

☎022-393-2035 所仙台市青叶区大藏下道1-2 营8:00～17:00 休全年无休 交从JR作并站乘坐市营公交S840线约7分钟，在熊根桥下车换乘845线约18分钟，在定义站下车，步行5分钟 P无

热门景点

藏王回声线

藏王连峰位于宫城县和山形县之间，而藏王回声线则是一条横断藏王连峰的山地旅行高速公路，全长26千米。春季的雪墙、夏季的嫩绿与秋季的红叶都十分壮美。

MAP 本志P.2 C-4

将自然、观光与温泉融为一体的度假区

远刈田·藏王温泉

とおがった·ざおうおんせん

在藏王回声线遇见最有生命力的风景，藏王连峰东麓、象征藏王的御釜、驹草平和瀑布。位于回声线入口处的远刈田温泉，自古就是具有治疗效果的温泉胜地，在氤氲的热气中感受怀旧的气氛。

拥抱雄伟的藏王山麓，雕刻时光的治愈温泉勾起旅途情思

藏王连峰位于宫城县与山形县境内，地处温泉地带。远刈田温泉位于宫城县一侧、海拔330m的高原之上。创建400年来，这里的泉水一直因具有治疗效果而声名远播。藏王温泉紧邻日本国内数一数二的滑雪场，据说它的发现还是日本武尊麾下大臣的功劳。

交通information

驾车　从仙台市内出发经东北高速·县道12号行驶44km至远刈田温泉，再从远刈田温泉经藏王回声线·县道53号行驶42km，到达藏王温泉

巴士　从仙台站前出发，乘坐宫城巴士公司的高速巴士到达远刈田温泉，行程约1小时

从白石藏王站或白石站乘坐宫城巴士·活力度假区方向到达远刈田温泉，行程约50分钟

在山形站前乘坐山形交通·藏王温泉方向到达藏王温泉巴士停车场，全程约37分钟

御釜

おかま

MAP 本志P.2 B-4

神秘的祖母绿色火山口湖

从藏王回声线开始一路向上，登至藏王高线的终点，就能看见一片圆形的火山口湖。随着天气和阳光角度的变化，这里的湖水也会随之折射出不同的光线，因此它也得名“五色湖”，是不可错过的风景胜地。

☎0224-34-2725（藏王町旅游观光中心）　所藏王国定公园内
开休票可自由参观（藏王高线开通时间为4月下旬～11月初，7:30～17:00，冬季道路封闭期前后禁止夜间通行，11月初～4月下旬为冬季封闭期）　交从远刈田温泉驾车约40分钟　P有

火山口湖周长1km，直径约330m，水深25m。湖水呈强酸性，因此没有生物在水里生存

泷见台

たきみだい

MAP 本志P.2 C-4

最佳观赏红叶景点眺望传说中的瀑布

泷见台位于海拔700m的藏王回声线上，从这里向远眺望，能够看见三阶瀑布和不动瀑布。传说，螃蟹和鳗鱼曾经为了这片瀑布潭打得不可开交，因此远刈田温泉的泉水才会拥有治疗的功效。

☎0224-34-2725（藏王町旅游观光中心）　所藏王町远刈田温泉仓石岳国有林内　开休票可自由参观（冬季积雪期内不对外开放）　交从远刈田温泉出发开车10分钟　P有

泷见台前面正对着的是传说中螃蟹居住的三阶瀑布，向右则可眺望鳗鱼居住的不动瀑布

秋季，三阶瀑布的泉水穿过森林、沿着石壁奔流而下，落差约为181m。该瀑布曾入选日本百大瀑布名单

驹草平

こまくさだいら

MAP 本志P.2 C-4

在一路蜿蜒至眺望台的散步道两旁，荷包牡丹绽放在赤褐色的土地上

高山植物女王——荷包牡丹绽放出美丽的粉色花朵。花期从6月中旬～7月

高山植物与全景画面

驹草平海拔约1380米，这里是高山植物荷包牡丹的栖息地。从断崖上的眺望台可以眺望四周全景，向西有“不归瀑布”和“振子瀑布”，向东越过奥羽山脉则可以观赏到太平洋风光。

☎0224-34-2725（藏王町旅游观光中心） 所藏王町远刈田温泉仓石岳国有林内 开休票可自由参观（11月上旬～4月下旬为冬季封闭期） 交从远刈田温泉驾车约30分钟 P有

宫城藏王小芥子木偶馆

みやぎざおうこけしかん

MAP 附录P.13 E-2

向后世传承传统小芥子木偶的现代展览馆

这里展示着由木偶收藏家所捐赠的各式木偶

体验绘制木偶的乐趣

这里展示着东北地区各地的传统小芥子木偶，总计5000多个。其中，远刈田小芥子木偶的特征是头比身子还大，头上绘有红色放射线状的纹饰。现场演示与绘画体验活动颇有人气。同时，展览馆里还销售当地特产。

☎0224-34-2385 所藏王町远刈田温泉新地西里山36-135 开9:00～17:00（入馆截止到16:30） 休全年无休 票300日元（木偶绘制体验1只体验费750日元，时长30～40分钟，需提前预约） 交远刈田温泉汤的町巴士停步行10分钟 P有

热门景点

藏王缆车

从山形市藏王温泉的藏王山麓站到地藏山顶站之间有一条空中缆车连接山麓和山顶，这就是藏王缆车。乘坐缆车游览可以让游客感受到空中漫步的快感。藏王地区冬季的树挂非常有名，同时新叶与红叶同样值得观赏。向远处眺望，还能看到朝日连峰的景色。

MAP 附录P.13 E-4

☎023-694-9518（藏王山麓站）

营8:30～17:00（根据季节有所变化）

休全年无休（根据天气情况及检修计划会停止运营） 票藏王山麓站～树挂高原站～地藏山顶站往返2800日元

交远刈田温泉驾车约1小时 P有

秋天的藏王，可以欣赏到红叶从山顶往下浓淡依次变化的美景

树挂也被称为雪怪。夜间还会举行点灯仪式

藏王·远刈田温泉的美食与特产

除了发源于藏王的美食成吉思汗
这里还有可以体验陶艺的窑厂和特产团子

获得发源地德国承认的美味

餐厅 Balz

德国油煎香肠午餐，定价1479日元。附赠汤等配菜

游客在这里可以品尝到使用产自藏王的猪肉制作的加工食品，如生火腿、里脊火腿、培根和香肠等。这家店的食品曾经荣获德国美食国际大会的金奖，可以说是真正的德国味道。

远刈田温泉 MAP 附录P.13 E-2

☎0224-34-2001 所藏王町远刈田温泉北山21-12 营11:00（香肠销售从10:00开始）～15:00（周五、周六时间为17:30～20:00） 休周四 交从远刈田温泉汤之町公交车站步行4分钟 P有

体验陶艺与彩绘

元窑

げんよう

店内有小器皿、茶碗和陶瓷首饰售卖

陶艺工房位于远刈田温泉街上，这里同时售有原创的陶器和首饰等工艺品。在这里，游客可以体验陶艺制作，体验费2500日元；彩绘体验同样2500日元。

游客可以体验陶艺制作和彩绘工作（各需1小时）

远刈田温泉 MAP 附录P.13 D-1

☎0224-26-9530 所藏王町远刈田温泉逆川9-3 营10:00～17:00 休周四 交从远刈田温泉驾车约5分钟 P有

可用餐、可当天往返泡温泉、可住宿

餐饮·住宿·温泉

炉端

おしょくじどころ おとまどころ おゆどころ ろばた

成吉思汗套餐，厚切羊羔肉，定价1980日元

在这里可以品尝到藏王温泉的特产美食——成吉思汗烤肉以及使用地产食材制作的料理。1日限定有3间客房可供住宿。店铺入口处有免费的足浴温泉。

藏王温泉 MAP 附录P.13 E-3

☎023-694-9565 所山形县山形市藏王温泉川原42-5 营11:00～15:00（LO14:30） 17:00～22:00（LO21:30） 休周四 交从藏王温泉公交终点站步行5分钟 P无

藏王温泉特产稻花年糕

白桦商店

しらかばしょうてん

藏王温泉的特产是盛放在竹叶上的软糯稻花年糕。糯米被做成稻花的形状点缀在年糕上，1枚竹叶盛放3个年糕。礼盒“稻花年糕故乡”一盒有5个年糕，售价700日元。

藏王温泉

MAP 附录P.13 E-3

☎023-694-9528 所山形县山形市藏王温泉710

营9:00～17:30 休不定期休息 交紧邻藏王温泉公交终点站 P有

竹叶产自藏王地区。年糕中包裹着微甜的红豆沙馅

远刈田·藏王温泉的温泉旅馆

大自然中的热汤

藏王温泉位于藏王连峰的山形县一侧，冬天，前来滑雪的游客挤满了山地度假村。位于宫城县一侧的远刈田温泉处散布着一些小规模的旅馆。无论住在哪里，都可以体验到藏王地区大自然的治愈力量。

住在环境优美的高台之上
纯日式的老字号旅馆

深山庄 高见屋

みやまそうたかみや

藏王温泉 MAP 附录P.13 E-3

创业于1716年，是藏王地区历史最悠久的温泉旅馆。由传统库房改造成的别馆客房最受欢迎。旅馆内有9种自己的专有温泉。游客在这里可尽享“美肤之汤”的舒适惬意。

☎023-694-9333
所 山形县山形市藏王温泉54
交 从藏王温泉公交终点站步行5分钟（有免费接送服务）
P 有 in 15:00 out 10:00
室 19间
预算 1夜2餐20670日元

1

2

3

1. 长寿之汤，仍保留着古时治愈之汤的氛围
2. “藏王牛”小火锅，每日限定4组
3. 由举世闻名的设计师奥山清行所设计的套房

在四季变换的景色中
享受当地的食材与温泉

高级旅馆 别邸 山风木

オーベルジュ べってい やまぶき

远刈田温泉 MAP 本志P.2 C-4

旅馆位于寂静的森林之中，“1晚2餐”是旅馆的经营核心，因此这里的美食也是不容错过。晚餐时段，酒水免费，从当地酒到红酒应有尽有。

☎0224-34-2711
所 藏王町远刈田温泉小妻坂21-70 交 乘坐宫城交通巴士·仙台藏王町线在小妻坂下车，步行7分钟 P 有 in 15:00 out 11:00 室 10间
预算 1夜2餐22830日元

1. 跟随季节变化的菜品和周围优美的环境吸引了很多回头客
2. 用当地食材制作的会席料理
3. 这里的温泉水会让肌肤变得更加光滑

1

2

3

飘荡着大正浪漫气息的旅馆
远眺藏王连峰

旅馆三治郎

よかんさんじろう

远刈田温泉 MAP 附录P.13 F-2

创业于1886年的老字号旅馆。这里一直流传着河童也来这里泡汤的传说，温和的泉水对肌肤非常好。从榻榻米房间的“河童之汤”和总桧温泉的“桃源之汤”处都能眺望到藏王连峰的优美风光。

☎0224-34-2216
所 藏王町远刈田温泉本町3
交 从远刈田温泉汤之町公交车站步行3分钟 P 有 in 15:00 out 10:00 室 23间
预算 1夜2餐14190日元
※随到随泡汤10:00～20:00/900日元/每月第2、第4个周四休息

1. 露天温泉“屏风之汤”处的风景是最美的
2. 位于东馆的常规日式房间，窗外景色宁静怡人
3. 只选用地产大米、蔬菜等食材制作的会席料理

1

2

3

硫黄的香气与纯白的热汤
身与心的共同解放

藏王国际宾馆

ざおうこくさいホテル

藏王温泉 MAP 附录P.13 E-4

这家宾馆的特色在于乳白色的100%硫黄温泉“八右卫门之汤”。除此之外，游客还能享受到内汤、石造露天温泉、足浴、包场温泉和其他很多形式的泡汤体验。晚餐主打山形县的当地美食，建议搭配宾馆原创的冷酒。

☎023-694-2111
所 山形县山形市藏王温泉933 交 从藏王温泉巴士终点站步行10分钟（有免费接送服务） P 有 in 14:00 out 10:00 室 59间
预算 1夜2餐17280日元
※随到随泡汤 12:00～15:00/1080日元/全年无休

1. 通过间接光源形成一种梦幻气氛的内温泉
2. 使用山形牛等山形县的著名食材制作的会席料理
3. 从宽敞的南馆日式房间可眺望到优美的景色

1

2

3

在藏王山麓的怀抱中感受大自然的力量

温泉山庄 萝卜之花

おんせんさんそう だいこんのはな

远刈田温泉 MAP 附录P.13 E-2

旅馆位于占地1万坪的森林之中，拥有18间被大自然所包围的客房别馆、4个露天温泉。精心制作的料理主要使用旅馆自家栽培的蔬菜和当地食材，因此很多游客评价道在这里能够品尝到蔬菜真正的美味。

☎0224-34-1155

所 藏王町远刈田温泉北山21-7

交 从远刈田温泉汤之町公交车站步行15分钟/从JR白石站驾车约40分钟（在JR白石站/白石站有接送服务，需提前一天预约/单程1000日元） P有

in 15:00 out 11:00 室 18间

预算 1夜2餐31470日元

1. 在阳台能够听到小鸟鸣啾 2. 切实体验蔬菜的美味——“开心、里山料理” 3. 森林芳香美容在“橡木小屋”里进行 4. 被杉木林所包围的露天温泉“通雨”

在榻榻米风格的空间内享受片刻的静谧

旬菜汤宿 大忠

しゅんさいゆやどだいちゅう

远刈田温泉 MAP 附录P.13 F-2

纯日式的小型旅馆，寂静的空间与青草的香气相得益彰。100%纯天然的温泉没有任何加水、加温的外力影响，旅馆内共有5个这样用柏树围起来的大浴场。晚餐是令人震撼却又充满个性的会席料理。

☎0224-34-2306

所 藏王町远刈田温泉旭町1 交 紧邻远刈田温泉汤之町公交车站 P有

in 15:00 out 11:00 室 9间

预算 1夜2餐16350日元

※随到随泡汤 11:00～19:30（包场温泉～13:00）/800日元（包场温泉50分钟3500日元，预约截止到当日10:00）/全年无休

1. 统一沉稳色调的9间客房 2. 阳光穿过彩色玻璃照进美丽的柏木温泉大浴场 3. 请品尝藏王地区的美味会席料理

在藏王的大自然和四季美景中享受奢侈的宽阔空间

藏王四季酒店

ざおうしき的ホテル

藏王温泉 MAP 附录P.13 D-4

建于藏王连峰山麓上的高原酒店，近距离接触美丽的大自然和四季的变迁。游客可以在温泉别墅一览山间美景，或是从客房的窗户眺望全景大自然，请尽情享受自然的魅力吧。餐饮方面酒店提供各种丰富的时令山珍。

☎023-693-1211

所 山形县山形市藏王温泉1272

交 从藏王温泉公交终点站步行10分钟（有免费的接送服务） P有

in 14:00 out 10:00 室 41间

预算 1夜2餐14040日元

1. 温泉别墅的露天温泉“离汤 百八步” 2. 从客房的窗户可以欣赏四季的美景 3. 料理主要选用藏王牛等当地食材制作

前往从春到秋都极具人气的露天温泉

被森林、流水、温泉治愈

藏王温泉大露天浴池

ざおうおんせんだいろてんぶろ

位于温泉街的高处，可当日往返的温泉设施。露天温泉沿溪水而建，在这里可以一边聆听潺潺的溪水，一边享受悠闲的时光。

藏王温泉 MAP 附录P.13 F-3

☎023-694-9417（藏王温泉旅游观光中心） 所 山形县山形市藏王温泉荒敷853-3

开 6:30～19:00（最晚入浴时间18:30） 休 降雪时以及12～3月 票 550日元

交 从藏王温泉公交终点站步行20分钟 P有

↑这里也有毛巾出售，所以游客可以轻装上阵

热门景点

天守阁

平成年间已经复原为最初的木结构建筑。从这里可以远眺藏王的美丽景色。

思慕伊达家重臣片冈氏的城关镇

白石

しろいし

位于藏王连峰山麓下的城关镇——白石是一座随着片仓小十郎景纲入城而逐渐繁荣起来的古都。在飘荡着浪漫历史氛围的城区中享受悠闲的散步时光。

寻访复原后的古城与古刹 让人心平气和的当地特产温面

17世纪初，片仓小十郎景纲成为白石城的城主，白石城也在他的掌管下逐渐繁荣起来。白石城地理位置优越，因此得以不受德川幕府颁布的“一国一城令”管制，一直存续至明治维新时期。悠久的历史给这座城池渲染了一种特殊的氛围。颇有来历的白石温面也是人气美食。

交通information

铁路 从JR仙台站出发，经东北本线至白石站下车，行程50分钟
驾车 从仙台市区出发，经东北高速到达白石城区，行程45km

骑上租赁脚踏车环游城区

骑上脚踏车，就可以在城关镇里更自在地环游。共有3个脚踏车租赁点，分别是JR白石站站内、新干线·白石藏王站站内旅游观光中心和白石城历史探访博物馆。

☎0224-26-2042(白石市旅游观光中心)
所白石市泽目137 白石站站内
开9:00～17:00 休全年无休
票300日元、押金500日元(归还脚踏车时返还)

武家屋敷

ぶけやしき

MAP 附录P.14 B-1

建于享保年间的中级武士馆

片仓氏家臣——小关家的住宅遗址位于白石城三之丸外的泽端川岸边。住宅建于享保年间，至今仍向人们展示着约290年前的中级武士的简朴生活。

☎0224-24-3030(白石城)
所白石市西益冈町6-52 开9:00～17:00(11～3月～16:00) 休全年无休 票200日元 交从JR白石站步行15分钟 P有

↑可进入住宅和厨房等地参观

→1991年由小关家族捐赠给白石市

白石城

しろいしじょう

MAP 附录P.14 B-2

忠实复原的江户名城

作为伊达家的支城，白石城从17世纪～19世纪后半期一直是伊达家重臣——片仓氏的居所。1995年，为了再现江户时代的城郭建筑，人们采用纯木结构复原了文政年间烧毁前白石城的样貌。来到三阶橹(天守阁)和大手门之前，让人不禁生出怀古之思。

☎0224-24-3030 所白石市益冈町1-16 开9:00～17:00(11～3月は～16:00) 休全年无休 票400日元 交从JR白石站步行15分钟 P有

参观与片冈家颇有渊源的史料

历史探访博物馆

れきしたんぼうミュージアム

博物馆位于白石城边，2层展示有与片冈家族相关的历史资料、模型、盔甲和刀剑等历史遗物。1层设有小卖店和餐饮店。

←在3层的3D影院中，会放映与白石城有关的3部历史电影(1部票价400日元)

白石·人偶仓库
しろいし にんぎょう的くら

MAP 附录P.14 B-1

市松人偶和复古玩具

这座私立展览馆里汇集了从江户时代到昭和时代的各种人偶、玩具和生活用品。其中展品共计2万余件，市松人偶和昭和时期的玩具更是值得一看。

本馆1层的“怀旧粗点心屋柜台”展示着很多复古玩具

☎0224-26-1475　所白石市城北町4-18　开10:00～16:00
休周三　票400日元　交从JR白石站步行15分钟
P有

当信寺
とうしんじ

MAP 附录P.14 B-2

幸村之女阿梅的菩提寺

这是一座建于1597年的净土宗寺院。本堂里面有真田幸村的遗孤阿梅和大八之墓。阿梅同时也是二代片仓氏小十郎重长的遗孀。

白石城的东口门在废城时被移来这里当作山门

☎0224-26-3473　所白石市本町62
开休票参拜自由　交从JR白石站步行5分钟
P有（中央公园内一角）

白石的餐饮&特产

特产温面的制作没有一滴油与素面同样细。品尝传统的味道。

白石温面的代表商家
白石温面　山吹亭
しろいしうーめん やまぶきてい

把历史悠久的细面蘸取芝麻、酱油和核桃3种蘸汁食用，这就是人气美食“温面三味”。只有在白石温面协会的直营店才能品尝到这样煮面方式和食用方式都堪称最高等级的温面。

MAP 附录P.14 B-1

☎0224-25-2322　所白石市城北町6-13　营11:00～14:00　休周三
交从JR白石站步行5分钟　P有

温面三味定价1100日元。店内还有一座小型的资料馆

从江户时代延续至今的白石点心
仙加苑　白石绕行道本店
せんかえん しろいしバイパスほんてん

本店位于国道4号路边

老字号日式点心店，店内售有伊达藩足轻馒头等传统点心。足轻馒头诞生于江户时代，因为吃了它就会变得健步如飞，因此得名足轻。据说现在的制作方法与当初别无二致。

MAP 附录P.14 A-2

☎0224-25-4735
所白石市福冈藏本西町22
营8:30～19:00　休全年无休
交从JR白石站步行7分钟　P有

伊达藩足轻馒头1个100日元（上）南藏王树挂麻薯1个140日元（下）

作为伊达政宗半个臂膀的智慧之将
片仓小十郎景纲是谁?

撑起伊达家兴盛历史的重臣

江户时代，仙台藩重臣、白石城城主片仓氏，代代都承袭“小十郎”的名字。智勇双全的初代景纲（1557～1615）是伊达政宗的近臣，他在外交和内政方面给予伊达家大力支持，因此政宗把白石城赐给了他。

全力支持伊达政宗的片仓小十郎景纲（仙台市博物馆藏）

杰山寺
けっさんじ

MAP 附录P.14 B-2

景纲在1608年创寺，后来这里成为片仓家族的菩提寺。在景纲埋葬之所没有树立墓碑，而是种植了一棵杉树。

☎0224-25-9258
所白石市南町2-7-20　开休票可自由参拜
交从JR白石站步行20分钟　P有

片仓家御庙所
かたくらけごびょうしょ

MAP 附录P.14 A-2

片仓氏历代家主之墓。由第三代小十郎于1680年创建，并把初代和二代小十郎的墓都迁移到了这里。墓碑处是弥陀佛坐像。

☎0224-22-1343（白石市教育委员会）
所白石市福冈藏本爱宕山　开休票可自由参观
交从JR白石站驾车约10分钟／乘坐市民公交·小原线约10分钟，在泷下站下车即到（仅限平日）　P有

美丽的岛屿海景——日本诗歌的吟咏对象

MATSUSHIMA

松岛

まつしま

古时被都城里的人遥遥憧憬的风景胜地，后来逐渐变成了一种信仰，人们相信这里是通往极乐净土的神圣之地。如今这里风光依旧，历代仙台藩藩主曾无比热爱的地方正静静等待你的光临。

天空、大海和绿岛共同打造的风景胜地

松岛是对从盐灶市到松岛町、东松岛市的广阔海域上散布的所有岛屿的统称，这里自古就因与天桥立、宫岛并称“日本三景”而为人熟知。在东日本大地震中，松岛湾上的大大小小总计260多座小岛成为天然的防汛堤，与周边地区相比，这里海啸的威力减少了1/5。松岛的观光景点主要集中在五大堂和观澜亭所在的海岸，这里有从海港出发的环岛游船可供游客乘坐。2016年，瑞严寺和元通院的修复工程结束，游客也可以选择到这里步行游览。此外，景点还新添了特产店、烤牡蛎和牡蛎汉堡等外带小吃店。

松岛观光小贴士

观光船与饱览松岛湾全景的四大观

乘坐观光船聆听舱内导游对松岛湾上的小岛进行讲解，已经成为松岛旅游的必备项目。此外，也推荐游客前往眺望台“松岛四大观”一览松岛湾全景。

与伊达政宗因缘颇深的名刹

伊达政宗的菩提寺——瑞严寺和五大堂等建筑都是文化遗产。瑞严寺修复后，本堂的桃山建筑和里面豪华绚烂的围墙壁画都不容错过。

品尝松岛特产牡蛎料理

牡蛎是松岛特产。每年10月到次年3月是牡蛎的盛产期，这时可尽情享受烤带壳牡蛎的鲜美。此外，也请千万不要错过春夏季节的时令海鲜康吉鳗鱼。

交通information

前往松岛的交通方式

环游松岛湾的观光船由3家航运公司运营。在松岛陆地上的观光景点，基本都在步行范围内。三陆海岸沿线的铁路尚未修复完成，因此可以选择高速巴士（BRT）代替出行。

从仙台出发的路线图

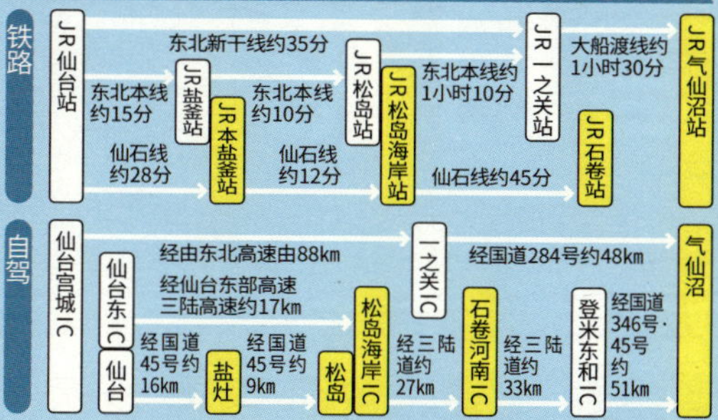

咨询电话

旅游观光中心

松岛观光协会
☎022-354-2618

东松岛市观光物产协会
☎0225-87-2322

盐灶市观光物产协会
☎022-364-1165

石卷观光协会
☎0225-93-6448

南三陆町观光协会
☎0226-47-2550

气仙沼观光convention协会
☎0226-22-4560

交通

JR东日本（咨询中心）
☎050-2016-1600

走出松岛

东日本大地震后的复兴工程正在不断取得进展，而正处于复兴中的盐灶和三陆海岸拥有里亚斯型海岸，这里小岛如繁星般分布，别有意趣。在充满活力的市场和商业区，可以品尝从丰饶的大海中捕获的当地美食。

寿司之街活力满满——日本首屈一指的海港城

盐灶 ➡P.112

しおがま

位于陆奥国第一宫——盐灶神社的门前的大街，正是日本首屈一指的活金枪鱼批发量最大的寿司一条街。

复杂的地形隐藏着许多乐趣

三陆海岸 ➡P.114

さんりくかいがん

环岛巡航、欣赏自然美景的休闲景点以及复兴中的商业街美食特产，让这片土地充满乐趣。

石卷

いしのまき

位于北上川下流的海港城。石卷坐拥世界三大渔场之一，是海鲜的宝库。

南三陆

みなみさんりく

在美丽的里亚斯型海岸周边，分布着复兴后的商业街等观光景点。

气仙沼

けせんぬま

因出产鱼翅而享有盛名的海港城。在这里可以体验丰富多彩的捕鱼活动和海鱼餐饮文化。

风雅的三大胜景
松岛 雪月花

松岛自古以来就是赏月胜地。
满月之夜海面上浮现出梦幻的月亮之路，
透过盛开的樱花遥望碧波荡漾与绿色的小岛，
还有静静伫立在银色世界中的岛上古刹。
四季更迭，美丽的岛屿群总能带来瞬间的感动。

月
金波银波闪耀的松岛湾

松尾芭蕉、伊达政宗和爱因斯坦都曾眺望的松岛之月，给松岛湾带来独一无二的金银两色波涛。

福浦岛与桥。满月前后，平时一直点灯的福浦岛也会关闭灯源

雪

庄严的雪景包裹千年古刹

由于降雪稀少，一年中下雪的日子也只有几次，因此每到下雪时分，在松岛的地标五大堂都会挤满前来争相拍照的专业摄影师。

与雪景融为一体的五大堂与透桥

花

越过层层樱花远眺松岛湾

每到4月花期来临之时，松岛就变成了一片花的海洋。无论是西行法师折回之松公园的樱花，还是瑞严寺的卧龙梅和石斛，以及元通院的玫瑰，都让人沉醉。

在西行法师折回之松公园可以欣赏到樱花与松岛湾融为一体的优美景色

360度眺望
松岛全景

四大观中能360度观景的只有大高森

大高森 从这里眺望
おおたかもり

MAP 附录P.3 F-2

这里是四大观中景色最优美的地方，因此得名“壮观”。从山顶处可以一览松岛湾中漂浮的小岛和太平洋的景致，特别是日出和日落时分，景色尤其迷人。

所东松岛市宫户大高森　开休票可自由参观
交从JR野蒜站驾车约15分钟至登山口，步行约20分钟到达山顶　P有

松岛四大观是?

四大观是指可以眺望松岛大大小小260余座岛屿风景的观景台。根据不同角度观赏到的景致不同，人们分别赋予了它们4个名称，壮观·大高森、伟观·多闻山、幽观·扇谷和丽观·富山。

松岛·眺望台与观光船

远眺、近赏 海岛胜景

松岛·漫步·观光

2013年，松岛湾成功入选“世界最美海湾评选”，从“日本三景”变成了“世界的松岛湾”。从四大观眺望台瞭望260多座小岛与奇石怪岩组成的宛如庭院式盆景的优美风光，或是乘坐观光船环岛巡游，近距离欣赏小岛姿态，都会让人对松岛流连忘返。

西行法师折回之松公园 从这里眺望
さいぎょうもどしのまつこうえん

MAP 附录P.15 D-2

公园位于丘陵之上，据传西行法师曾在松树下与童子进行禅宗问答，败给童子，于是他放弃了前往松岛的计划。春天，这里是赏樱胜地，越过260余株樱花，可以眺望到整片松岛湾的美景。

所松岛町松岛犬田　开休票可自由参观
交从JR松岛海岸站驾车约5分钟　P有

与西行法师颇有因缘的赏樱胜地

眺望台上有一座白衣观音。赏樱最佳日期是从4月中旬~5月上旬

多闻山 从这里眺望
たもんざん

MAP 附录P.14 C-4

从四大观中的“伟观”眺望台向远看去，层层堆叠的波涛从雄伟的代代崎断崖处一路涌向马放岛和地藏岛岸边，碧波与行驶在海面上的船只交相辉映，风景宏伟壮观。

所七滨町代代崎八森
开休票可自由参观
交从JR多贺城站驾车约20分钟　P有

从断崖处的眺望台近距离观赏海湾内的岛屿景观

在眺望台一边聆听海浪的声音，一边欣赏太平洋的景色

松岛观光船

乘坐不同船型、不同路线的观光船环游松岛湾，乐趣多多。

松岛环岛观光船
まつしましまめぐりかんこうせん

公司主要运营带有头等座席的大型游览观光船。其中，环游仁王岛、钟岛和千贯岛等主要岛屿的仁王丸线最受欢迎。

☎022-354-2233

【仁王丸线】出航时间 9:00～16:00(11～3月～15:00)每个整点出发，繁忙期会增加航班

所需时间 50分钟　费用 1500日元

丸文松岛轮船
まるぶんまつしまきせん

除往返于松岛和盐釜之间的芭蕉线路之外，公司也为提前预约者提供慢游松岛湾一周的特别航线旅程。

☎022-365-3611

【芭蕉航线】出航时间 9:00(松岛始发10:00)～15:00の每个整点

所需时间 50分钟

费用 1500日元

奥松岛观光船(游览嵯峨溪)
おくまつしまゆうらんせん(さがけいゆうらん)

"嵯峨溪"是日本三大溪流之一，与富有女性温柔气质的松岛景观不同，这里的粗犷景观更具男性气魄。探访松岛内部的神秘之地，感受大自然带来的感动之情。

☎0225-88-3997

【嵯峨航线】出航时间 8:45～16:00(10～3月～15:00)

所需时间 60分钟　费用 2000日元

※天气恶劣时航线有所变更，有时会停航

大自然的鬼斧神工创造出松岛湾的杰作

仁王岛 走近
におうじま

MAP 附录P.14 C-3

松岛旅游的必去之地，小岛形状看起来像哼哈二将嘴里叼着雪茄坐在海上。

钟岛 走近
かねじま

MAP 附录P.14 C-3

在4个洞门里面听海浪声如金钟作响，因此这里得名钟岛。

根据潮汐和观赏角度的不同，钟岛的形状也呈现出不同的面貌

福浦岛 走近
ふくうらじま

MAP 附录P.15 F-2

一条全长252m的朱红色大桥联接起松岛海岸与福浦岛。福浦岛现已成为一座自然植物公园，岛上建有散步小路。晚间，游客可欣赏大桥的点灯仪式。

所 松岛町松岛仙随39-1　开 8:30～17:00(11～2月～16:30)　休 全年无休　票 200日元、小·中学生100日元　交 从JR松岛海岸站步行10分钟　P 有

朱红色的大桥别名"相遇桥"

风景胜地·伊达政宗的古刹

寻访陆地上的松岛

平成年间的大修已经完成
瑞严寺本堂里豪华绚烂的桃山美术不容错过。
一边欣赏松岛湾的美景
一边散步在历史古迹中感受其独特的魅力。

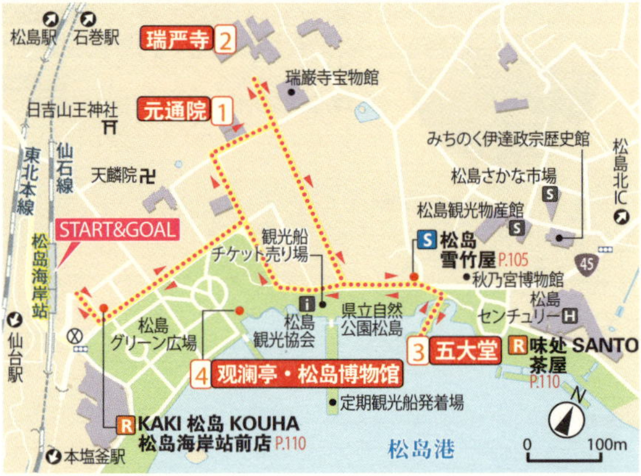

被称为“伊达物”的政宗美学意识与充满进取精神的寺院区

在从JR松岛海岸站开始的沿海地区，分布有很多历史名胜，其中包括由伊达政宗亲自参与建造的国宝——瑞严寺和五大堂(瑞严寺也是政宗的菩提寺)、别名“玫瑰寺”的元通院和伊达家的迎宾馆观澜亭等与伊达家族渊源颇深的建筑物。在风光明媚的松岛湾沿岸，除了海湾观光船的停靠站和住宿旅馆之外，还有各种特产店、外带海鲜美食店等，游客可以一边欣赏海景一边在散步时品尝美食。

⬆光宗的祠堂三惠殿里的神橱上绘有西洋的玫瑰与水仙花样

➡枯山水的石造庭园是以松岛湾的大海和七福神之岛屿为意象而建造的

1 元通院

えんつういん

MAP 附录P.15 D-1

优美的庭园是伊达光宗的祠堂

这里是19岁就英年早逝的伊达政宗之孙伊达光宗的菩提寺。在三惠殿的神橱上绘有支仓常长从西洋带回来的玫瑰花样，而元通院也经常被人称为玫瑰寺。寺中共有4个风格迥异的庭园。

☎022-354-3206 ㊎松岛町松岛町内67 ㊐8:30～17:00 12～3月9:00～16:00、念珠制作体验9:00～16:00(12～3月～15:00) ㊡全年无休 ㊇300日元、念珠制作体验1000日元 ㊇从JR松岛海岸站步行5分钟 Ⓟ有

2 瑞严寺

ずいがんじ

MAP 附录P.15 D-1

桃山文化大放异彩，政宗的菩提寺

828年，由慈觉大师建造的古刹。政宗从1604年开始，花费了5年的时间扩大这里的规模，并把这里作为自己的菩提寺。寺内建筑、雕刻、壁画等都有精美的装饰，再现了桃山文化的风流雅致。

⬆本堂内部的金箔壁画豪华绚烂，充分展示了桃山美术的精髓

⬅很吉祥的红白两种达摩神签，售价200日元

☎022-354-2023 ㊎松岛町松岛町内91 ㊐8:00～17:00(入场～16:30、根据季节有所变化) ㊡全年无休 ㊇700日元 ㊇从JR松岛海岸站步行10分钟 Ⓟ有

⬆2016年本堂修复工作完成，重新开放，其他自明治时代以来的大规模修复工作也于2018年全部完成

流传至今的独眼龙风姿

伊达政宗盔甲像

だてまさむねこうかっちゅうぞう

值政宗第17回忌辰，政宗的正室阳德院为他制作了一尊等身大小的木像。根据政宗遗言，木像右眼是睁开的。

松岛湾上的五大堂是松岛的标志性建筑

五大堂

ごだいどう

MAP 附录P.15 E-2

政宗重建松岛的象征

807年，坂上田村麻吕建立毗沙门堂，后慈觉大师曾在这里供奉五大明王。现在的御堂是伊达政宗在1604年重建的，也是东北地区现存最古老的桃山建筑。

☎022-354-2023（瑞严寺）
所 松岛町松岛町内111
开 8:00～17:00 休 全年无休 票 免费
交 从JR松岛海岸站步行10分钟
P 有

↑御堂的驼峰上雕有天干十二支的动物像，展示了高超的桃山建筑技艺水平

→透桥也被称为结缘桥

观澜亭·松岛博物馆

かんらんてい まつしまはくぶつかん

MAP 附录P.15 E-2

眺望松岛湾品尝抹茶香

丰臣秀吉把伏见桃山城的茶室赐给了伊达政宗，于是政宗把茶室搬迁到了这里。在观澜亭内可以一边欣赏松岛湾美景，一边品尝抹茶的醇香（300日元起）。旁边的博物馆中展示着伊达家家传的武器、大名的生活用具等历史遗物。

☎022-353-3355
所 松岛町松岛町内56
开 8:30～17:00（11～3月～16:30）
休 全年无休 休 全年无休
交 从JR松岛海岸站步行5分钟 P 有

↑御座间里的墙壁和隔扇上都绘有色彩极其绚丽的桃山绘画

→这里是伊达家纳凉和赏月之所

行程时间◆约20分钟

游览路线

JR松岛海岸站
まつしまかいがんえき

↓ 如果从广场前道经过，能够看见左手边的指示图。步行6分钟

1 元通院
えんつういん

↓ 穿过用石头铺垫的参道即可到达。 步行即到

2 瑞严寺
ずいがんじ

↓ 杉树林参道正在维修中。可走旁边的支路洞窟遗迹群小路前行。步行5分钟

3 五大堂
ごだいどう

↓ 走回沿海大道。入口位于观光船售票所门口。 步行3分钟

4 观澜亭·松岛博物馆
かんらんてい まつしまはくぶつかん

↓ 沿着来路广场前道返回，步行至车站。 步行5分钟

JR松岛海岸站
まつしまかいがんえき

顺便逛逛

松岛 雪竹屋

まつしま ゆきたけや

店内售有各种精心制作的传统工艺品、以松岛和东北地区为主题的原创时尚日式杂货等让人想长久使用的礼品。这里的炭烤仙贝散发着诱人的香气，深受欢迎。

MAP 附录P.15 E-2

☎022-354-2612 所 松岛町松岛町内109 营 10:00～18:30（12～3月～17:30，根据季节有所变化） 休 12～3月周二，4～11月全年无休 交 从JR松岛海岸站步行8分钟 P 有

←使用秘制酱油制作的酱油碎饼，售价580日元

→原创图案的手巾，售价1080日元

历史

沿着松尾芭蕉在陆奥留下的足迹

重走奥州小路

松尾芭蕉的俳句早已深入人心，无论是谁都能信手拈来背诵一两句。《奥州小路》的诗句点缀着这片诗歌的舞台，引诱着我们沿着300年前芭蕉的脚步重新踏上奥州小路。

人生之旅的导览书

松尾芭蕉在他46岁的时候踏上了《奥州小路》之旅。1689年3月27日（新历5月16日），芭蕉带着弟子曾良从江户出发，经过日光、松岛、平泉、象潟和金泽等地，于同年8月21日（新历10月4日）到达大垣，总行程约600里（2400千米），共计150天。这次旅行的目的，一是沿着芭蕉敬慕的能因法师的脚步拜访出现在和歌题目中的地方和历史遗迹，二是顺路缅怀源义经，三是与当地的俳句作家进行交流。

“松岛之月，我心神往”，在这次旅程中，芭蕉最期待的就是松岛。在50岁的这次旅程中，芭蕉已经做好了随时有可能死亡的准备，但是当他看到陆奥的风景时，不禁感叹人在大自然面前是多么渺小无力。感激旅途中与不同人群的交往，回想古人时常流下热泪，这次的旅行给芭蕉带来无限灵感。《奥州小路》诗集共收录俳句50句。这些诗句有很多都刻在了当地的石碑上，可供游人沿途思慕芭蕉之旅。

⇧位于平泉·中尊寺（P）的松尾芭蕉像

菖蒲结作草鞋带，绑在行脚上

芭蕉是在“端午挂菖蒲”之日到达仙台的。停留仙台期间，芭蕉结识了画家加右卫门，并在他的引导下游览了位于宫城野的和歌胜地药师堂。分别之际，加右卫门送给芭蕉一双藏青色鞋带的草鞋以作留念，感激于他风雅的意趣，芭蕉创作了这首俳句。

陆奥国分寺药师堂

むつこくぶんじやくしどう

仙台站东口 MAP 附录P.5 E-4

奈良时代，应圣武天皇之诏，建立国分寺，药师堂正位于国分寺的最北端。1607年，伊达政宗对其进行扩建。目前，药师堂是仙台最古老的木结构建筑，也是日本的国家级重要文化遗产。在西南方向的准胝观音堂一侧，立有俳句石碑，上刻“菖蒲结作草鞋带，绑在行脚上”。

所 仙台市若林区木之下3-8-1
开 休 票 可自由参拜　交 从地铁·药师堂站步行3分钟　P 有

⇧在伊达政宗的讲堂遗迹上重建的药师堂

夏天草凄凉，功名昨日古战场，一枕梦黄粱

5月13日（新历6月29日），到达平泉的芭蕉首先就来到了高馆。500年前，这里是源义经战斗过的地方，如今已经是一番草木丛生的景象。借用杜甫“国破山河在，城春草木深”的诗句，芭蕉吟诵了这首俳句，对奥州藤原氏延绵3代的荣华之梦最终毁在了源义经和其家臣的手上发出感慨。

高馆义经堂 ⊙P.125

たかだちぎけいどう

平泉 MAP 附录P.18 B-2

1683年，伊达纲村在高馆的丘陵之地建立义经堂，供奉源义经像。在将北上川尽收眼底的高处，立有俳句石碑。

⇩从高馆可以一览北上川的风景，向远眺望，还能看见芭蕉尊敬的西行法师曾吟咏过的束稻山

芭蕉在松岛　美景当前，只想沉默

芭蕉在憧憬已久的松岛并没有吟咏诗句。曾有人说"松岛呀啊啊松岛呀松岛呀"是芭蕉所作，其实这是对江户后期的狂歌作家田原坊所作"松岛呀我等待已久松岛呀"的误传。在松岛留下作品的只有与芭蕉同行的弟子曾良。

芭蕉于5月9日（新历6月25日）从盐灶登船来到松岛内陆地区。他首先参拜了神圣的雄岛和瑞严寺，然后入住正对松岛湾、能够看到五大堂的旅舍。在这两日期间，据说芭蕉怎么也看不够这片美景。望着不输洞庭湖和西湖的日本第一美景，可能人人都会陷入沉默的境地吧。

芭蕉也曾盛赞过的、300年未曾变化的松岛湾美景

建于室町时代的旧覆堂，它为金色堂遮挡了500年的风雨。旁边立有俳句石碑和芭蕉像

梅雨绵绵浸万物，唯光堂璀璨依旧

5月13日（新历6月29日），芭蕉参拜中尊寺。根据曾良的日记，当日是晴天，因此俳句初稿据说是"梅雨年年降，五百次依然如故"。光堂指的就是金色堂。过去，这里大部分的寺院都已经荒废了，唯独这座光堂，历经百年风雨却挺立依旧，芭蕉如此感慨道。

中尊寺 ➲P.120

ちゅうそんじ

平泉 MAP 附录P.18 A-1

著名的金色堂是由藤原清衡建造的。据说芭蕉当初访问这里时的建筑结构与今天别无二致。

蚤虱横行，枕畔又闻马尿声

5月15日（新历7月1日），芭蕉与曾良穿过尿前关，在前往出羽国的旅途上赶路。因天气恶劣，他们不得不停留在国境看守人家里3日。虽然家里又有跳蚤又有虱子，但是在这种人和马亲密接触的人家同寝共食，反而让旅途变得更有趣味。

尿前关遗迹

しとまえのせきあと

鸣子温泉乡 MAP 附录P.19 E-4

尿前关位于出羽国的街道上，是联结陆奥国和出羽国的要塞。芭蕉在从平泉前往出羽国尾花泽的路上，被关所的守备人员怀疑，受到了严格的调查。

所 大崎市鸣子温泉尿前

开 休 费 可自由参观　交 从JR鸣子温泉站步行30分钟　P 有

关塞遗迹处立有芭蕉像和俳句石碑，这里距离那位看守员的家里约有9km

闲静一何极，蝉声侵入青岩里

5月27日（新历7月13日），在别人的建议下，芭蕉改变了行程，他往羽洲南部前行了七里地，于下午3时左右到达了山寺，并进行了参拜。在这别有洞天的"寂寞佳景"中，芭蕉心内一片澄净，吟诵出了千古名句。

宝珠山立石寺（山寺） ➲P.89

ほうじゅさんりっしゃくじ（やまでら）

山寺 MAP 本志P.2 B-3

比叡山延历寺别院，俗称山寺。它建于宝珠山的奇石怪岩之上，周围还有一系列建筑群，是一块颇有灵性的神秘之地。

埋有芭蕉诗集的蝉塚

享受早、午、晚不同面貌的松岛

小松馆 好风亭

こまつかんこうふうてい

MAP 附录P.15 F-2

旅馆建于能够一览松岛的绝佳位置。任何一间客房的景观都是出类拔萃的。饮食方面，有日式全餐、烧烤和房内餐饮3种形式可供选择。在这里可以尽情享受到松岛的新鲜美食。赏月台和眺望足浴处也是赏景的好去处。

☎022-354-5065

所松岛町松岛仙随35-2 交从JR松岛海岸站步行15分钟 P有 in15:00 out10:00

室34间 预算1晚2餐17430日元

※随到随泡汤(含午餐、泡汤的一日往返计划)11:00~15:00/1人6480日元起(2人以上需预约)/不定期休息(需提前确认)

1.离松岛最近的带有露天浴池的房间"石斛" 2.备有大床和双人床的奢华房间"二人静" 3.选择"炭火烧烤"套餐可以尽享烤制新鲜食材的乐趣 4.松岛的美景近在眼前 5.采用产自东北地区的食材制作的日式全餐 6.可包场露天温泉"赏朝日之汤"

能眺望松岛湾美景的旅馆

在绝美风景里休憩的幸福瞬间

从宽敞的客房窗户或是露天温泉，可以在静谧安详的气氛中尽情欣赏松岛湾全景。只有住在胜景·松岛，才能体会到这样独一无二的奢侈时光。

1.这里有售松岛特产和巴厘岛的小纪念品
2.独享明月的屋顶观景浴池
3.晚餐在能欣赏海景的"餐厅七海"享用海风土风格的日式会席料理
4.这里备有各种带露天浴池的日式房间和巴厘岛风格的客房

在异域风情中享受100%的天然温泉

松岛温泉元汤 海风土酒店

まつしまおんせんもとゆ ホテルうぶど

MAP 附录P.15 F-1

酒店名称来源于巴厘岛的度假区乌布，因此店内装修也是日本与亚洲度假村相结合的风格。2008年，这里新挖掘出天然的温泉，因此强力推荐来屋顶上的露天温泉泡汤，这样可以一边眺望松岛美景一边享受温泉的治愈效果。

☎022-355-0022

所松岛町松岛东浜5-3 交从JR松岛海岸站步行16分钟(在松岛海岸站和松岛站有免费接送服务) P有 in15:00 out11:00

室26间 预算1晚2餐21150日元

※随到随泡汤(仅限在这里享用午餐的顾客)12:30~14:30(午餐11:30~13:30)/1100日元(午餐费分为2700日元/3700日元/5300日元)/周三休息

借松岛之海打造风景绝佳的
温泉度假村

松岛一之坊

まつしまいちのぼう

MAP 附录P.15 F-1

这座度假村集合了松岛的美景、宽广的日式庭园、温泉、艺术还有各种美食。浸泡在具有美肤、助眠效果的热汤中欣赏海景，或是品尝宫城县的美食，实乃一大乐事。旁边还有一座藤田桥平玻璃美术馆，也值得参观。

☎022-353-3333

所松岛町高城浜1-4　交从JR松岛站步行10分钟（在松岛站和松岛海岸站有免费的接送服务，需预约）　P有　in15:00　out11:00
室111间　预算1晚2餐23544日元
※随到随泡汤　12:00～15:00（受理时间截止到14:00）/1500日元／周二休息

1. 占地约23100m²的水上庭园。游客可以吹着潮湿的海风悠闲地散步　2. 露天眺望浴池“五大观”。这里有露天浴池和带有大面积玻璃的室内浴池两种　3. 可以越过庭园眺望松岛的“眺望之和室”　4. 品尝“厨师长亲自制作的自助餐”　5. 位于最上层的露天浴池“八百八岛”，是观赏日出的绝佳地点

享受奢侈的时间
隐秘的成人之家

松岛佐勘 松庵

まつしまさかん しょうあん

MAP 附录P.14 C-3

旅馆位于向松岛海湾突出的一块高地之上。在飘荡着侧柏与玫瑰香气的热汤中，享受属于自己的悠闲时光。此外，也推荐游客在室外的散步道上走走，或是在这里读一读“松岛文库”里的书。

☎022-354-3111

所松岛町手樽梅木1
交从JR松岛站驾车约15分钟　P有
in14:00　out12:00　室11间
预算1晚2餐34560日元

1. 带有能够瞭望松岛胜景阳台的标间　2. 在女性浴池中能看见穿过彩绘玻璃的美丽日光　3. 采用刚捕捞上来的新鲜海产和足量的蔬菜制作的怀石料理　4. 会客大厅“仓”。在这里适合小酌一杯或是安静看书，自由自在地享受静谧时光

餐厅有2层。照片为2层坐地席位，从窗户可以眺望松岛湾美景

松岛康吉鳗鱼盖饭
1730日元
松岛产康吉鳗鱼配上自家制的酱汁。每日限定20套，售完即止

能够品尝到新鲜牡蛎和康吉鳗鱼的人气餐厅

味处 SANTORI茶屋

あじどころSANTORIちゃや

MAP 附录P.15 E-2

预约	可
预算	Ⓛ1000日元 Ⓓ2000日元

能够一览松岛湾美景的日式餐饮店。店里供应产自三陆地区的新鲜海产，如松岛康吉鳗鱼和牡蛎等。烤牡蛎、天妇罗牡蛎、炸牡蛎三味一体的豪华牡蛎套餐最受欢迎，定价2040日元。松岛的牡蛎盛产期是10～3月。如无法购入松岛海鲜，店家有时也会采购产自其他地区的海鲜。

☎022-353-2622
所 松岛町松岛仙随24-4-1
营 11:30～15:00 17:30～21:00（LO20:00）
休 周三（遇节假日推后一日休息） 交 从JR松岛海岸站步行10分钟 P 有

餐厅位于观光船始发站的东侧

在观光的期间品尝牡蛎和康吉鳗鱼

丰饶的大海所带来的美味

松岛湾错综复杂的地形孕育出了上等的牡蛎和康吉鳗鱼，这里是海鲜的宝库。

海鲜三吃十分美味
牡蛎料理专门店

KAKI松岛KOUHA 松岛海岸站前店

牡蛎まつしまこうは まつしまかいがんえきまえてん

MAP 附录P.15 D-2

预约	可
预算	Ⓛ1000日元 Ⓓ5000日元

餐厅主营各种各样的牡蛎料理。生牡蛎1个400日元，一份套餐5400日元，它们都是店里的人气菜品。此外，餐厅还提供自创的牡蛎三吃料理，喜欢牡蛎的食客千万不要错过。这家的牡蛎以味道鲜美著称，主要选用产自县内的牡蛎。

☎022-353-3588
所 松岛町松岛浪打浜10-14
营 12:00～15:00 休 不定期休息
交 从JR松岛海岸站步行即到 P 有

1层是吧台座席，2层是仅供预约顾客使用的单桌座席

餐厅位于松岛海岸站附近的路边

精选牡蛎午餐＆晚餐B套餐
3132日元
烤牡蛎、炸牡蛎和牡蛎三吃都包含在套餐内。需提前预约

牡蛎与康吉鳗鱼的专营店
品尝美景午餐

牡蛎与康吉鳗鱼 松岛 田里津庵

牡蛎とあなご まつしま たりつあん

MAP 附录P.14 C-3

餐厅位于面向松岛湾的僻静之所。“康吉鳗鱼三吃”，是日本产鳗鱼经由厨师长秘制的蘸汁浸泡，再烤制而成的当家料理，香气四溢，勾人食欲。另一道名菜是“终极炸牡蛎”，精挑细选的牡蛎经过两次炸制酥脆可口，让人欲罢不能。快来这里一边品尝美食，一边眺望美景吧。

☎022-366-3328
所 利府町赤沼井户尻132-2
营 11:00～16:00（LO15:30） 休 不定期休息
交 从JR陆前浜田站步行10分钟 P 有

↑全部座席都是可以一览松岛美景的特等席

↑从陆前浜田站下车，穿过别有风情的松间小道就可以到达餐厅

预约 可
预算 L 1900日元

终极炸牡蛎套餐
平日1900日元
根据季节变化，牡蛎的产地也有所差异。这里的面包粉和塔塔酱也是店家精心制作的。

康吉鳗鱼三吃套餐
平日1900日元
鳗鱼上蘸有使用利尻产海带等食材制作的一等酱汁。最后记得要蘸取足量的酱汁来一品这里的鳗鱼。

冬季具有代表性的“松岛牡蛎”乐趣多多

只有在牡蛎的著名产地才会出现的自助牡蛎小屋。各种活动和新品菜单也层出不穷。

包含松岛湾在内的三陆海岸一带，已经成为日本有名的牡蛎养殖场，这还要归功于这里复杂的地形和洋流带来的丰富的浮游生物。除了在松岛各餐饮店和牡蛎小屋品尝美食之外，这里还推出了牡蛎盖饭和牡蛎汉堡等新式料理。每年2月的第1个周日是松岛的牡蛎美食节，届时这里会聚集大量的美食爱好者。

↑根据不同的烹饪方法，每家餐厅的牡蛎盖饭中的天妇罗和鸡蛋汤味道都有所不同

←松岛牡蛎美食节，现场有各种各样的牡蛎料理和新鲜的牡蛎售卖
※关于会场地址等详细信息需跟松岛牡蛎美食节执行委员会确认 ☎022-354-2618

↑无论是预约还是当日到店都需要提前咨询

松岛观光协会 牡蛎小屋

まつしまかんこうきょうかい 牡蛎ごや

MAP 附录P.15 F-1

冬季限定的牡蛎专营店，顾客可以看到大量的带壳牡蛎同时在锅内蒸煮。自助烤带壳牡蛎·带牡蛎饭套餐限定50分钟3200日元，需提前预约。此外，店家还提供可当天直接到店食用的套餐。

☎0120-733-530（预约专用） 所 松岛町松岛东浜12-1 营 10:45～当日停止接客为止（周六、周日从10:30开始）
※当日现场受理时间9:00～13:00左右
休 10月下旬～3月中旬期间营业
交 从JR松岛海岸站步行15分钟 P 有

照片出处：（一社）松岛观光协会

沿海探索更多的奇遇

走出松岛

由陆奥国第一宫所守卫的历史悠久的海港城

盐灶

しおがま

位于仙台和松岛之间的海港城，
自古就因港口而声名远播。
大渔港——盐釜港也是出产海鲜的著名港口。

参拜完古寺
再去尝尝特产寿司

盐灶自古就是专门为向陆奥国首府多贺城运货而建的卸货港口，现在这里则拥有日本金枪鱼捕捞量名列前茅的大渔港——盐釜港，而盐灶的寿司店数量也是多到令人吃惊。历史悠久的盐灶神社门前的大街已经蜕变成现代艺术的观光景点。除此之外，盐灶也是前往松岛旅游观光的海上大门。

交通information

驾车 从松岛市区出发经国道45号行驶9km
铁路 从JR松岛海岸站出发经仙石线到达本盐釜站，行程约12分钟；或从JR松岛站出发，经东北本线到达盐釜站，行程约10分钟

从盐灶出发访问松岛

这里有从盐灶出发前往松岛的观光船运营。在出发港口附近，有很多餐饮店和当地特产店，游客可以品尝到寿司和海鲜盖饭等美食。

海上大门 盐釜 MAP 附录P.15 F-3
☎022-361-1500 所盐灶市港町1-4-1
开9:00～18:00 休全年无休

乘船地点就位于海上大门盐釜处

从建筑本身到家具，极尽奢华的工艺无处不在

旧亀井府邸

きゅうかめいてい

MAP 附录P.15 E-4

诉说盐釜繁荣盛况的建筑

伴随着盐釜港的繁荣，这里也成立了靠销售石油而逐渐累积财富的石油公司，即现在的综合商社亀井。公司初代社长于1924年建造了自己的府邸，在传统的日式建筑中融入西式建筑的风格，即“和洋并存式住宅”，目前这座府邸免费向公众开放。

☎022-364-0686
所盐灶市宫町5-5 开10:00～15:30
休周二～周四（有活动时临时休息）
票免费 交从JR本盐釜站步行7分钟
P有

盐灶神社

しおがまじんじゃ

MAP 附录P.15 D-3

赏樱胜地陆奥国第一宫

盐灶神社拥有1200多年的历史，作为陆奥国第一宫，自古这里就是祈求渔业丰收、海上安全和平安生产的福地。从盐灶神社远眺，可以将松岛湾的美景尽收眼底，春季这里还有天然纪念物“盐灶樱”绚烂盛开。

☎022-367-1611 所盐灶市一森山1-1
开5:00～20:00、博物馆8:30～17:00（2月、3月、10月、11月16:30关门；1月、12月16:00关门） 休全年无休 票可免费参拜、博物馆200日元 交从JR本盐釜站步行15分钟/从JR盐釜站步行25分钟 P有

本殿和拜殿是日本国家重要文化遗产

202级阶梯的表参道和楼门

盐灶市杉村惇美术馆

しおがましすぎむらじゅんびじゅつかん

MAP 附录P.15 E-4

欣赏静物画深邃的魅力

美术馆里展示着西洋画画家杉村惇的静物画和很多其他主题画作。美丽的大讲堂拥有拱形的天井，这里经常会举办丰富多彩的活动，值得一览。此外，美术馆1楼还设有提供咖啡和烤点心的小餐厅“盐灶本町谈话室”。

盐灶市公民馆已翻修为现代风格的建筑

☎022-362-2555 所盐灶市本町8-1 开10:00～17:00（入馆时间截止到16:30）盐灶本町谈话室11:00～17:00（LO16:30） 休周一（遇节假日推后一日休息） 票规展览200日元（特别企划展览另付费） 交从JR本盐釜站步行10分钟/从JR盐釜站步行20分钟 P有

品尝港口的新鲜寿司

盐釜渔港因为寒流和暖流的交汇而形成了丰饶的渔场，以金枪鱼为首，这里的海鲜捕获量在全日本都名列前茅。盐釜也是产米之都，所以这里能诞生出美味的寿司也是理所当然的。下面为大家介绍盐灶的人气餐厅，每天都有全日本各地的粉丝专程赶到这里品尝寿司。

盐灶寿司哲

しおがますしてつ

预约 可
预算 Ⓛ2000日元 Ⓓ3000日元

MAP 附录P.15 E-4

为盐灶寿司业发展打下坚实基础的名店

30年前就备受美食家们推崇的盐灶名店，在这里能够品尝到极品金枪鱼，如今它在日本全国范围内都颇有名气。这家店的老板在如何识别美味的金枪鱼上颇有研究。除金枪鱼以外，像产自近海的白色鱼肉海鱼和贝壳等海鲜食材也是自不用说，店里应有尽有。

☎022-362-3261
所 盐灶市海岸通2-22
营 11:00～15:00，16:30～22:00，周六、周日及节假日11:00～22:00
休 周四（节假日正常营业） 交 从JR本盐釜站步行3分钟 P有

↑一二三层都设有座席

寿司哲物语（上方）3980日元
小菜拼盘（下方）1500日元
"寿司哲物语"选用产自近海的海鱼制作，一份共11个寿司。金枪鱼也只选用野生金枪鱼。

龟喜寿司

かめきすし

预约 可
预算 ⓁⒹ1296日元

MAP 附录P.15 F-4

精心烹调四季新鲜的海鱼

初夏的鲣鱼、夏季的海胆、冬天的鱼白，餐厅选用四季不同的食材，制作出了色彩丰富的应季寿司。在美食爱好者中，一直流传着他家的寿司是一贯精心制作的好口碑。中间包裹着肉糜的玉子烧定价324日元，像这种原创的高级料理店内还有很多。此外，餐厅还提供种类丰富的酒品。

☎022-362-2055
所 盐灶市新富町6-12 营 11:00～21:00 周六、周日及节假日11:00～15:00 17:00～21:00 休 周二 交 从JR本盐釜站步行10分钟
P有

←除吧台座席外，店内还有加座和大厅里的单桌座席

时令寿司拼盘 3456日元
使用时令海鱼制作的寿司拼盘，共9贯寿司。老板推荐套餐也值得一试，定价5616日元。同时店内还提供盐灶的当地酒可作搭配。

大黑寿司

だいこくずし

预约 希望
预算 Ⓛ3240日元 Ⓓ5400日元

MAP 附录P.15 E-3

优质的食材与精细的手法

店内料理主要选用以松岛产康吉鳗鱼为主的近海食材。食材上乘、手法老道，餐厅在当地人之间颇有口碑。除手握寿司之外，手卷寿司和其他高级料理也是应有尽有。选用柔嫩的康吉鳗鱼制作的名品奢华鳗鱼卷十分受欢迎，定价2700日元。

☎022-367-6396
所 盐灶市北浜3-9-33
营 11:00～15:00 16:30～21:00
休 周四（遇节假日正常营业） 交 从JR本盐釜站步行15分钟
P有

↑店内装修令人仿佛能感受到木材的温度，形成一种安静的气氛。2层为榻榻米座席

特级寿司 3564日元
7贯选用时令鱼类制作的手握寿司和其他手卷寿司。经红醋腌制过的圆圆的米饭也广受好评。金枪鱼只选用天然野生金枪鱼

购买、品尝、享受海鲜

盐釜水产批发市场

しおがますいさんぶつなかおろしいちば

MAP 附录P.14 B-3

充满活力的大市场内约有115家店铺入驻，其中28家金枪鱼专营店更是首尾相接。除新鲜的金枪鱼之外，这里的三陆海鲜、珍珠及加工食品都以批发价销售。

←顾客可以在市场内购买食材制作自己的海鲜盖饭。米饭套餐定价400日元

→活力满满的市场内。这里林立着100多家零售店铺

☎022-362-5518 所 盐灶市新浜町1-20-74 开 3:00（周日及节假日6:00）～13:00（周六、周日及节假日～14:00），餐饮处7:30～12:00（周六、周日及节假日～13:00） 休 周三 交 从JR东盐釜站步行15分钟/乘坐盐NABI巴士·环北方向约3分钟，在鱼批发市场前下车即到 P有

新旧景点齐聚的海岸

三陆海岸

さんりくかいがん

拥有广袤自然与悠久历史的土地 新的魅力正在不断涌现

由于船体老化，现在已停止登船参观。参观范围仅限眺望台和电梯楼上至中段楼层以及户外广场

SANRIKU COAST DRIVE

驰骋在三陆海岸

三陆海岸沿岸地区在东日本大地震时受灾严重，现在伴随着复兴工程的建设，这里出现了越来越多的新型娱乐设施，另外分布在大街小巷的复兴商业街(P.116)也值得关注。

3 宫城县庆长使节船博物馆

みやぎけんけいちょうしせつせんミュージアム

MAP 附录P.17 D-3

复元后的使节船

博物馆在海边展示有经过修复的支仓常长等庆长遣欧使节团曾经乘坐的西班牙大帆船Sant Juan Bautista号，正是这艘帆船载着使节团从石巻市月浦出发，横渡太平洋去的欧洲。帆船的存在向人们展示了当初的伟业和大航海时代的历史印记。

☎0225-24-2210 所石巻市渡波大森30-2 开9:30～16:30(8月～17:30) 休周二(遇节假日正常开放) 票350日元 交在JR石巻站乘坐宫城交通巴士·鲇川线约30分钟，在汐见台公园入口下车，步行10分钟(周六、周日及节假日乘作鲇川线需32分钟，在Sant Juan公园站下车即到) P有

1 石巻漫画小路

MAP 附录P.17 D-3

街道两旁令人怀念的英雄

在从JR石巻站到石森万画馆之间的道路两旁，陈列着很多让儿童，甚至是中老年一代感到怀念的漫画纪念物，例如石森的作品假面骑士和人造人009的塑像等。

☎0225-96-5055(石森万画馆) 所石巻市铸钱场～立町～中央 开休票可自由参观 交从JR石巻站下车即到 P有(可利用附近停车场)

©石森PRO

矗立在车站前小公园处的人造人009塑像

©石森PRO·东映

出站时迎面而来的假面骑士1号

©石森プロ

展览室里展示着很多人造人009

2 石森万画馆

いしのもりまんがかん

MAP 附录P.17 D-3

石森世界的中心

万画馆的外观如同一艘宇宙飞船，它是一家以出身宫城县的漫画家石森章太郎作品为主题的博物馆。游客在这里可以亲身体验到漫画世界的独特魅力。

☎0225-96-5055 所石巻市中濑2-7 开9:00～18:00(12～2月～17:00) 休3～11月每个月第3个周二，12～2月每周周二，遇节假日推后一日休息，暑假期间无休 票800日元 交从JR石巻站步行12分钟 P有(使用市内停车场)

热门景点

JR仙石线漫画小镇专线

这是从仙台出发前往“漫画之国·石巻”的定期JR仙石线漫画列车。车厢上画满了石森的作品画像，可以说是一列充满童心的列车了。每周日，还有人造人003号亲自接送的福利。

©石森PRO

咨询电话 ☎0225-96-5055(石森万画馆)

巨大的大白鲨实物模型

5 气仙沼“海市”/鲨鱼博物馆

けせんぬまうみのいち シャークミュージアム

MAP 附录P.16 B-2

不可思议的鲨鱼体验设施

气仙沼市是日本捕获鲨鱼量最大的地方，而这里也是日本唯一一座以“鲨鱼”为主题的博物馆。在附近开设的“海市”中，顾客可以在餐厅品尝到只有在气仙沼才能见到的海鲜，此外这里也开设有特产店。

馆内设有“气仙沼复兴影院”等设施

☎0226-24-5755
所 气仙沼市魚市场前7-13 气仙沼 海市2层
开 9:00～17:00
休 不定期休息　票 500日元
交 从JR气仙沼站（BRT）驾车约10分钟　P 有

4 岩井崎

いわいさき

MAP 附录P.16 B-2

海角上充满活力的海浪腾空景观

岩井崎位于气仙沼湾的最南端，因为海水的侵蚀，这里的岩石上布满了石洞，当一波一波的海浪奔涌而来，就会在岩石上形成如喷泉般的海浪腾空景观，因此这里的岩石十分有名。此外，历经海啸残留下来的横纲秀山雷五郎塑像和“龙之松”等景观也在这附近。

☎0226-22-4560（气仙沼市观光服务中心）
所 气仙沼市波路上岩井崎　开休票 可自由参观
交 从JR陆前阶上站（BRT）驾车约5分钟　P 有

根据波涛的汹涌程度，腾空的海浪高低也会有所不同

行程时间◆约2小时50分钟

推荐路线

从石卷出发到松岛约需30分钟，从仙台出发则需约1小时。虽然书中提示可走三陆高速，但从牡鹿半岛一侧的国道398号出发也是可以的。为保证顺利出行，还请提前确认最新的路况信息。

- **从JR石卷站** いしのまきえき
- ↓ 站前即是
- **1 石卷漫画小路**
- ↓ 经国道398号行驶1km·5分钟
- **2 石森万画馆** いしのもりまんがかん
- ↓ 经国道398号行驶7.2km·15分钟
- **3 宫城县庆长使节船博物馆** みやぎけんけいちょうしせつせんミュージアム
- ↓ 经国道398号、三陆高速、国道45号行驶90km·1小时50分钟
- **4 岩井崎** いわいさき
- ↓ 经国道45号、县道26号行驶10.6km·25分钟
- **5 气仙沼“海市”/鲨鱼博物馆** けせんぬまうみのいち シャークミュージアム
- ↓ 经县道26号行驶3.1km·10分钟
- **JR气仙沼站** けせんぬまえき

海的对面也别有魅力

悠闲的岛屿散步

田代岛 たしろじま　从石卷港出发

岛上猫的数量甚至超过岛民数量，因此得名“猫之岛”。岛上有专门祭祀猫的“猫咪神社”。

MAP 附录P.17 E-4

☎0225-95-1111（石卷市观光科）从石卷出发约45分钟（具体路线可咨询纲地岛LINE股份公司，☎0225-93-6125）

漫画岛屿小屋是猫咪主题风格

金华山 きんかさん　从女川港·鮎川港出发

这里是奥州三大神秘之地之一，岛上野生的小鹿和猴子自由地嬉戏生活。位于黄金山神社附近的能量场吸引了很多游客。

金华山黄金山神社

MAP 附录P.17 F-4

☎0225-45-2301（黄金山神社）
从鮎川港出发约20分钟（具体信息可咨询金华山航路事业共同协会☎0225-44-1850）
从女川港出发约35分钟（具体信息可咨询潮汐计划科☎0225-98-9038）

大快朵颐 三陆的海产

三陆的美食特产是豪华的海鲜盖饭，快要从碗中溢出来的各种新鲜鱼类海产全部选用当地食材。夏天吃海胆，秋天吃游回来的鲣鱼，冬天吃盐渍鱼子，每个季节的海鲜都不一样，保证让你大快朵颐。

大森屋

おおもりや

预约 希望

预算 Ⓛ800日元 Ⓓ3500日元

石卷 MAP 附录P.17 D-3

从一般的日式餐饮到需要预约的正宗会席料理

餐厅2层也备有榻榻米座席。3层是多功能大厅

创建于1893年的老字号日料店，东日本大地震时餐厅被完全损坏，如今新店铺已经重新建成。店内提供乌冬面、荞麦面、天妇罗和鳗鱼等常规日式餐饮，但推荐游客来这里品尝一下颇受好评的、使用应季食材制作的会席料理(需预约)。

☎0225-22-4117

所石卷市穀町12-25 大森屋大楼2F 营11:00~15:00 17:00~20:00 休不定期休息 交从JR石卷站下车即到 P有

从石卷站出来即是。餐厅1层仅是大门

金华盖饭 2800日元

盖饭里装满了产自近海地区的金华鲭鱼等名牌海产。此外店里还提供生鱼子盖饭和牡蛎盖饭等“当地特产盖饭”。

女川海之膳 New KONORI

おながわうみのぜん ニューこのり

预约 仅可预约晚餐(5~8月的周末及节假日不可预约)

预算 Ⓛ1500日元 Ⓓ1500日元

女川 MAP 附录P.17 E-2

采用新鲜海产制作的海胆和康吉鳗鱼盖饭不容错过

餐厅就位于女川站前宽阔的Seapal-Pier商业街一角

在东日本大地震前已经享有盛名的人气餐厅，2017年搬至经过翻修的女川站前。这里的海鲜盖饭使用了足量的三陆海鲜，颇受好评。活鳗鱼天妇罗大碗盖饭售价1674日元，也是餐厅的招牌美食。

☎0225-53-2134

所女川町女川浜大原1-1 营11:00~19:00 休周二 交从JR女川站下车即是 P有

精选海鲜盖饭 2376日元

盖饭内包含虾、海胆、金枪鱼、鲸鱼等11种海鲜。具体品种根据季节会有所差异。

气仙沼 YUU寿司

けせんぬま ゆうずし

预约 可

预算 Ⓛ800日元~(周末1000日元) Ⓓ1000日元

气仙沼 MAP 附录P.16 B-2

气仙沼的时令海鲜颇受好评

使用气仙沼的时令海鱼制作的握寿司很有名气。

店内备有吧台座席和单桌座席

☎0226-22-3144

所气仙沼市本乡11-5 营11:30~14:00(LO13:30) 17:00~21:00(LO20:30) 休周三 交从JR气仙沼站(BRT)驾车约5分钟 P有

复兴商业街·活力营业中!

分布在三陆海岸沿岸的复兴商业街因美食和购物而受人欢迎。与当地民众进行交流也很有意思。

南三陆三三商业街

みなみさんりくさんさんしょうてんがい

MAP 附录P.16 A-4

踏出新的脚步

商业区内共有6栋平房建筑，28家商铺。同时这里还设有可同时容纳100人的餐饮处

渐渐复兴起来的临时商业街如今已经在2017年转移到了真正的商业区上。使用当地海鲜制作的南三陆美食“光彩照人盖饭”至今仍在流传。

☎0226-25-8903 所南三陆町志津川五日町51 营休各商家有所不同 交从JR志津川站(BRT)下车即是 P有

南三陆HAMARE歌津商业街

みなみさんりくハマーレうたつしょうてんがい

MAP 附录P.16 A-4

自在的家庭式氛围颇有魅力

8家商铺紧密地连在一起，因此商家之间更显得亲密无间

在靠近海岸的地方分布着很多店铺，如能够品尝到新鲜海产的餐厅和原创特产店等。沿着国道慢慢走进这里，游客可以随时停下，在路边的椅子和餐桌旁度过休闲的时光。

☎0226-36-3117 所南三陆町歌津伊里南前96-1 营休各商家有所不同 交从JR歌津站(BRT)下车即是 P有

温暖人心的手工艺品

为了实现灾后复兴，三陆各地开始实施手工艺品计划，如今这项计划已经取得成功，手工艺品成为三陆旅游不可或缺的项目之一。手工艺品早已超越了当初支援振兴的媒介范畴，有很多旅客都会专程来到这里寻求美丽的艺术品。

1. 店内狭窄的空间摆满了各式带有南三陆风情的商品 2. 店内还有当时赈灾的实况照片展览 3. 非常适合在室内穿着的布草鞋，定价1500日元

手工小物和生活百货 当地No.1的厂营门市店

南三陆町观光协会 南南屋

みなみさんりくちょうかんこうきょうかい みなみなや

南三陆 MAP 附录P.16 A-4

这里是由南三陆町观光信息中心兼观光协会经营的官方商店。店里的每一件商品都是手工制品，店内还出售只有当地才有的特产，比如以章鱼为主题的各式小物等。

☎090-7073-9563 所南三陆町志津川御前下51-1 营9:30～16:30 休周四 交从JR志津川站(BRT)步行18分钟 P有

1. 店铺于2017年开业，位于南町紫神社前商业街内 2. SQUARE TOTE 方形托特包9180日元 3. FLOAT TOTE 水桶托特包6804日元 4. COIN CASE 零钱包1404日元

海港城市的风情 源自气仙沼的帆布制品

MAST HANP

マストハンプ

气仙沼 MAP 附录P.16 B-1

这是源自气仙沼的帆布背包品牌，他家的帆布包兼具实用性与设计感。所有商品均在工厂制作完成，店内也可接受定制。顾客可选择自己喜欢的花纹，设计上也可自由选择不同风格。也可以说，顾客在这里能够制作世间独一无二的专属背包。

☎0226-25-7081 所气仙沼市南町2-4-10 南町紫神社前商店街2F 营10:00～19:00 休周四 交从JR气仙沼站(BRT)驾车约7分钟 P有

1. 绘画瓷砖(有框)4644日元(左)
2. 人气产品杯垫，均一价1728日元
3. 店铺位于站前Seapal-Pier商业区内
4. 瓷砖绘制体验工房，体验费2700日元

使用西班牙瓷砖制作的钟表与各式小物

港町瓷砖工房

みなとまちセラミカこうぼう

女川 MAP 附录P.17 E-2

这是借用西班牙瓷砖技法而发明的女川新产品。女川瓷砖的特征是拥有南欧风格的流行配色和立体的雕刻图案。这样的瓷砖被用来制作钟表、杯垫和门牌等物。顾客也可在这里自由创作喜欢的图案。

☎0225-98-7866 所女川町女川站前Seapal-Pier E-21 营9:00～18:00(周末及节假日～17:00) 休全年无休 交从JR女川站步行2分钟 P有(共享停车场)

走进黄金之堂的净土世界

HIRAIZUMI

平泉

ひらいずみ

漫步在世界遗产平泉的寺院周围，让人不禁对奥州藤原氏、源义经和松尾芭蕉留下的足迹心驰神往。在奥羽山脉和北上山地之间，遇见美丽的溪谷。

三代藤原氏的荣华与义经和芭蕉

平安时代末期，三代藤原氏经过100年的时间，力求在奥州的佛教文化中心——平泉建造一片和平的理想世界;经过长年的努力，他们把想象中绚烂的净土世界搬到了现实，这就是平泉。目前，以国宝中尊寺金色堂为首，平泉共有5个地方入选世界文化遗产，它们分别是毛越寺、观自在王院遗迹、无量光院遗迹和金鸡山。这5个地方都是依北上川和束稻山而建，变化多端的自然地形让这些地方不仅拥有历史遗迹，还有优美的自然景观。除奥州藤原氏的荣华之地以外，平泉还是源义经与武藏坊庆的长眠之地，恰巧他们二人也是奥州藤原氏走向衰落的诱因。此外，在与源义经有关的历史遗迹处，松尾芭蕉还曾吟诵出“功名昨日古战场，一枕梦黄粱”的浪漫俳句。

平泉观光小贴士

在中尊寺了解平泉文化

金色堂可以说在中尊寺里是光芒万丈的存在，但是被称为月见坂的参道和散布在山间的各个小殿也别有意趣。此外，宝物馆赞衡藏也是来这里的必去之地。

巡游世界遗产净土庭园

毛越寺等建于平安时期的净土庭园风景十分秀丽。观自在王院和无量光院等地的庭园也正在发掘、修复之中。快来这里一边信手漫步，一边感受藤原氏的净土思想吧。

欣赏壮美的溪谷山景

在严美溪等地，游客可以选择泛舟猊鼻溪，在一叶轻舟上欣赏两岸连绵的断崖风光，或是登上吊桥，从高处观赏由奇石怪岩组成的奇特景观，尽情享受大自然之美。

交通information

前往平泉的交通方式

平泉站和中尊寺之间相距2km。游客到达中尊寺后还需要爬上坡道，因此选择乘坐环游巴士“RUNRUN”号或租借自行车不失为更便利的交通方式。登米等地不通电车的地方比较多，巴士的运营车辆也比较少，因此请游客提前确认交通信息再选择出行。

从仙台出发的路线图

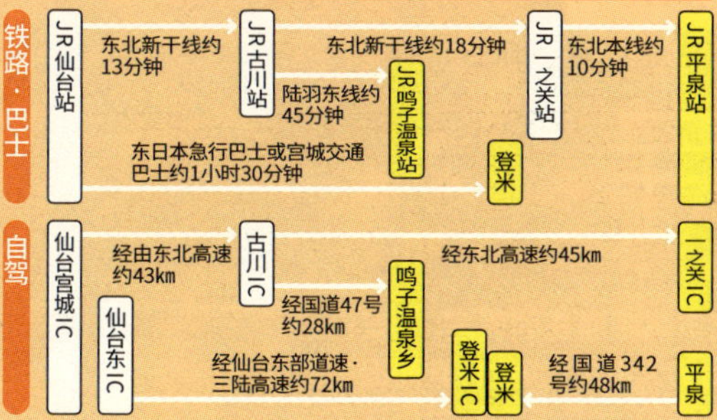

咨询电话

旅游观光中心

平泉观光协会
（平泉町观光信息中心）
☎0191-46-2110
鸣子观光·旅游信息中心
☎0229-83-3441
登米观光物产中心
远山之里（登米振兴公社）
☎0220-52-5566

交通

JR东日本（咨询中心）
☎050-2016-1600
东日本急行巴士
☎022-218-3131
宫城巴士（佐沼营业所）
☎0220-22-3064

走出平泉

据说源义经和乡御前的孩子出生时曾经使用这里的温泉水，因此平泉得名“哭声响亮的孩子”，后来逐渐演变成鸣子温泉。登米因“宫城的明治村”而出名，这里至今仍然保留着当时的建筑物。游客可在充满历史感的小巷中悠闲散步。

享受多姿多彩的名泉之汤

鸣子温泉乡 P.132

なるこおんせんきょう

这里是历史悠久的奥州三大名汤之一，因拥有性质多样的温泉水而声名远播。穿着木屐在温泉小巷中慢慢寻找这些热汤吧。

飘荡着江户和明治浪漫气氛的城区

登米 P.136

とよま

依然保留着城关镇名声的武家住宅，和建于明治时期的西式建筑在登米这个历史小镇完美融合，相得益彰。

为祈祷永远的和平而建
光彩夺目的净土世界

中尊寺

ちゅうそんじ

MAP 附录P.18 A-1

平安时代末期，经过三代奥州藤原氏的发展，平泉已经成为东日本地区首屈一指的大都市。因金色堂而出名的中尊寺就是由藤原氏所建造的。金色堂向后世传达了一个黄金与佛教融合的世界，其光彩历经岁月依然耀眼。

“佛教都市平泉”的象征 藤原氏初代清衡的黄金极乐净土

中尊寺是初代奥州藤原氏清衡在他的后半生中花费20年时间所建设的一项大工程。建造当时，这里有平安时代最大的阿弥陀佛堂二阶大堂，里面供奉着高约9m的大佛像，此外还有藏经阁等建筑。在清衡所建的中尊寺建筑群中，现在仅存的就是金色堂，它建于1124年。正如大家认为的那样，金色堂整个看起来就是金色的，这是因为建筑整体使用金箔完全覆盖。经过此后三年的战争，清衡为了让一切在无数次战争中牺牲的生灵魂归净土，发愿要创造一个没有战争、永远和平的佛教国土，而“光堂”正是他想象中的极乐世界。东北地区是日本第一个发现金矿的地方，这里丰富的黄金储藏量不仅能够满足京城的需求，更可以跟大陆地区进行贸易往来。从来没有人实现的“真正的耀眼光芒”，正在这片极乐净土中以最奢侈的方式散发其独特的魅力。

新覆堂建于1965年。覆堂使用钢筋水泥建造，而金色堂就位于覆堂里面的玻璃箱中，以便调整里面的温度和湿度

实用信息 information

中尊寺的基本信息

☎0191-46-2211 所岩手县平泉町平泉衣关202 开8:30～17:00（11/4～2月末～16:30）
休全年无休 票金色堂、赞衡藏、藏经阁和旧覆堂参观800日元 交从JR平泉站步行25分钟/乘坐环游巴士"RUNRUN"号约10分钟／乘坐岩手县交通巴士·国道南线约4分钟，在中尊寺下车即到 P有

中尊寺的主要庆典

1月1日　初拜
从元旦那天的0时至6时，金色堂的正面大门会开放，届时前来参拜的香客络绎不绝

1月1～8日　修正会
山内的僧侣们一起祈祷，祈愿天下太平、民众安居乐业、五谷丰登

2月初旬　节分会
在本堂的护摩祈祷之后，相扑的关取大力士和年龄正值多灾多难之年的善男信女会一起举行撒豆仪式

5月1～5日　春天的藤原祭
3号举行的源义经东下游行是压轴节目，一般由专业演职人员扮演源义经

6月第2周日　法华经一日抄写会
法华经共有6.8万余字，这一天信客可参加抄写部分法华经的一日大会

8月14日　薪能
在白山神社的户外能剧舞台上，人们点起篝火，同时欣赏舞台上的能乐和狂言演出

8月16日　大文字送火
为了表达对第四代藤原公和源义经主仆的追思与对先祖的供养，人们在束稻山上点起呈"大"字型的送火

10月20日～11月15日　菊祭
菊花爱好者们带来自己精心培育的菊花约500盆，在中尊寺内交流展示

11月1～3日　秋天的藤原祭
乡土艺术表演热闹上演，除了能剧和狂言会在神前演出，在毛越寺还有"延年之舞"可供观赏

锦绣中尊寺·雪之中尊寺

从10下旬至11月上旬，满山的红叶与青翠的杉树和竹子交相辉映，美不胜收。下雪时的月见坂笼罩着一种森严的气氛，由于道路湿滑，登山处备有"稻草绳"以供游客攀登。

三代奥州藤原氏的荣耀与荣华

参拜中尊寺

1 月见坂
つきみざか

杉木耸立的参道

上坡位置的参道两边耸立着树龄超过300年的杉树林，它们都是在仙台藩的时代被种下的。在杉树林的尽头，有一处东观景台，游客可在这里眺望束稻山、北上川和衣川的风景。

➡月见坂距离本堂560m，距离金色堂800m

2 弁庆堂
べんけいどう

立有弁庆和义经的木像

这里供奉着防火之神——胜军地藏菩萨，此外，堂内还立有源义经和据传保持站姿去世的弁庆的木像。

⬆沿弁庆堂一直前行可见东眺望台

欣赏西行法师曾经看过的风景

西行歌碑 さいぎょうかひ

在位于弁庆堂之前、右手边宽敞的眺望台上，立有西行法师的和歌石碑。从眺望台可以一览“未曾知晓，束稻山的樱花，吉野山之外，竟有如此连璧”所赞美的束稻山美景。

3 本堂
ほんどう

山中心的建筑物

现存建筑是在1909年重建的。本堂把丈六释迦如来供奉为本尊，堂内有从比叡山延历寺请来的圣火，保存在“不灭之法灯”里面。

⬅自古时传承下来的很多法事仪式都在本堂中举行

4 峯药师堂
みねやくしどう

专门保佑眼疾的神佛

堂内供奉本尊药师如来，他因能够保佑眼疾早日痊愈而名声大噪。这里还有在其他地方很难见到的眼睛绘马和守护符可供游客购买。

⬆本堂的西侧。画有眼睛的长条旗十分引人注目

5 赞衡藏
さんこうぞう

能够欣赏到平安美术的珍宝馆

馆内收藏有藤原氏的遗物、国宝和重要文化遗产3000余件。目前馆内展出的展品有3尊丈六如来佛像、金色堂的佛具、三代藤原氏的随葬品以及中尊寺经文等珍宝。

⬆在这里购买金色堂的参拜门票

国宝 **绀纸金银字交书一切经**
こんしきんぎんじこうしょいっさいきょう

因清衡的发愿而书写的装饰经。在染成藏蓝色的纸上，一行金字一行银字交替书写，在前衬页上绘有经文中所提到的场景。

国宝 **金铜华蔓**
こんどうけまん

装饰在金色堂内的华蔓。在团扇型的金铜片上雕刻有宝相蔓藤花纹和住在极乐世界的迦陵频伽鸟，镂空的雕刻十分精美。

6 金色堂 国宝
こんじきどう

光彩夺目的黄金殿堂

据传这是中尊寺建寺时唯一保存下来的建筑。殿堂内外全部用金箔包裹，金箔上镶嵌有夜光效果的螺钿装饰、漆画和镂空的雕刻装饰，无一不代表了当时工艺的最高水平。堂内目前安放有第四代藤原氏的遗体和首级。

堂内共有阿弥陀佛像和地藏菩萨像等33尊佛像

热门景点

超越800年时光的中尊寺莲花

在1950年的学术调查时，专家们在第四代藤原氏的头骨箱中发现了莲花的种子。这些种子后于1998年开花，花瓣为粉红色，花期从7月中旬开始，持续约1个月。

7 藏经阁 重文
きょうぞう

与中尊寺经文有关的红叶胜地

藏经阁内收藏有像记载了往昔荣华的《中尊寺经》等珍贵的历史典藏。藏金阁建于镰仓时代，建设初期的古老木材一直保留至今。秋季，这里的红叶十分美丽。

国宝经典典籍依然保存在赞衡藏

8 旧覆堂 重文
きゅうおおいどう

仰望曾经保护金色堂的伟大身影

这座旧覆堂也被称为鞘堂，从室町时代开始，它历经500年风雨为金色堂保驾护航。1965年，随着新覆堂的建成，它就被搬迁到了这里。

只剩下高高的天井和粗壮的柱子可供后人参观

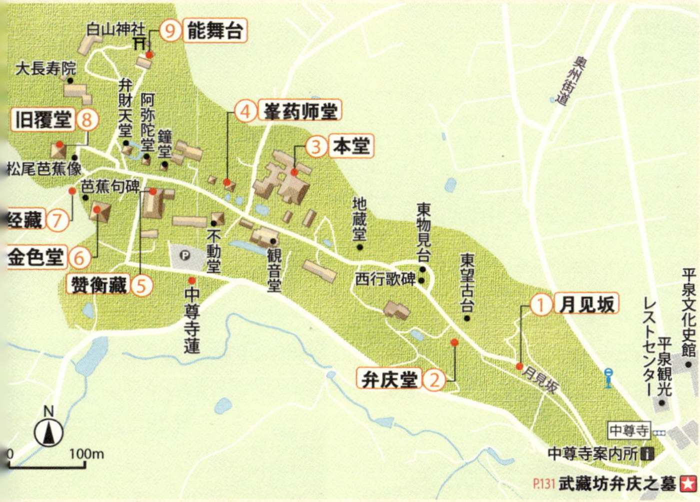

9 能乐舞台 重文
のうぶたい

茅草修葺的户外能乐舞台

建于中尊寺的守护神社——白山神社内部。这里曾于1853年扩建，在原本的舞台之外又新建了桥廊和镜间，它也是东日本地区唯一保留下来的能乐建筑。

每年8月，中尊寺薪能祭典时会在这里表演能乐

让人心驰神往的“现世极乐净土”之旅

平泉·世界遗产漫游

东日本大地震发生3个月后，即2011年6月，平泉正式进入世界文化遗产名录。这是日本东北地区景点首次被收录于该名录，同时也意味着平泉开启了面向未来的新旅程。

奥州藤原氏构筑的黄金净土理想之国至今仍然在美丽的大自然中绽放光芒

平泉地区被收录于世界文化遗产的地方主要是由奥州藤原氏基于佛教的“净土世界”思想建造的5个佛教圣地，它们分别是中尊寺、毛越寺、观自在王院、无量光院遗迹和金鸡山。

除中尊寺的金色堂和毛越寺的净土庭园之外，其他地方只有历经战火和天灾保存下来的遗迹存在，而这些遗迹也是依靠代代守护人的辛苦努力才得以留存的。现在，专家们正在对这些遗迹进行发掘调查和复原工作。可以预见，这些将净土思想带到现世的寺院正让平泉重新焕发出独特的城市魅力。

实用信息 information

平泉环游巴士RUNRUN

环游巴士在平泉的各个观光景点之间循环运营，每隔15～30分钟一班（根据季节有所变动）。由于行驶路线是单行线，因此推荐游客从毛越寺开始按照顺时针方向游览。从车站到中尊寺之间也可乘坐专线巴士。

【运营路线】 平泉站前→毛越寺→悠久之汤→平泉文化遗产中心→中尊寺→高馆义经堂→无量光院遗迹→道之站 平泉→平泉站前

【运营时间】9:45～16:15

【车票】单次乘车150日元、1日无限乘车券400日元

●岩手县交通 ☎0191-23-4250

观光出租车

这里有很多公司都提供从毛越寺到中尊寺等观光景点的包车观光服务。小型车包车2小时收费10920日元左右

●一关出租车 ☎0191-23-2222
●菜花观光出租车 ☎0191-23-1111
●县南出租车 ☎0191-46-2336
●一关中央交通 ☎0191-31-3333
●爱出租 ☎0120-656-266／☎0191-25-6666

租赁自行车

SWALLOW旅游的车辆出租点位于车站内，而黄金租赁平泉公司的服务点则位于车站前的营业中心里。普通自行车的租车费用为2小时500日元，1日1000日元。

●SWALLOW旅游 ☎0191-46-5086
●黄金租赁平泉 ☎090-4635-8777或0191-46-4031

平泉的新景点

2017年，沿绕行道建设的大道车站开始营业。车站里开设了产地直销的商店和餐厅。由于这里也是环游巴士的必经之地，因此它也逐渐成为寻访世界遗产之旅的根据地。早上6点店里开始提供超值套餐，颇受游客欢迎。

●服务站 平泉

MAP 附录P.18 C-3

☎0191-48-4795 所岩手县平泉伽罗乐112-2 营9:00～18:00（12～3月～17:00）、餐厅11:00～16:00 休全年无休 交从JR平泉站步行15分钟 P有

无量光院遗迹 世界遗产

むりょうこういんあと

MAP 附录P.18 C-3

1

模仿平等院凤凰堂而建的寺院

这是第三代藤原氏秀衡模仿京都宇治的平等院修建的寺院。带有翼廊的本堂和位于水池中间小岛的阿弥陀佛堂无不体现了想象中的极乐净土世界。可以想象，当初这里是怎样一番壮丽雄伟的景象。

☎0191-46-4012(平泉文化遗产中心)
所岩手县平泉町平泉花立地内
开休票可自由参观 交从JR平泉站步行9分钟/乘坐环游巴士"RUNRUN"号约16分钟，在无量光院遗迹站下车即到 P无

↑这里比平等院的规模还大，每当遗迹池塘中的水位上升，就会呈现出往日的恢宏景象

→池塘中间的小岛设计颇具匠心，从这里可以遥望金鸡山的落日和阿弥陀佛堂

出处：平泉町教育委员会

高馆义经堂

たかだちぎけいどう

MAP 附录P.18 B-2

2

源义经的长眠之地

第四代藤原氏泰衡迫于源赖朝的压力向源义经发起突袭，据传这里就是义经和妻子自杀的地方。在正对北上川的丘陵山顶，建有一座义经堂，堂内供奉着身穿盔甲的义经像。

←虽然这里并不是世界遗产，但仍是平泉旅游的热门景点之一

↓在义经堂的对面立有芭蕉的俳句石碑，上书"夏天草凄凉，功名昨日古战场，一枕梦黄粱"

☎0191-46-3300 所岩手县平泉町平泉柳御所14 开8:30～16:30(11月上旬～3月上旬～16:00) 休全年无休 票200日元 交从JR平泉站步行16分钟/乘坐环游巴士"RUNRUN"号约14分钟，在高馆义经堂站下车即到 P有

出现在芭蕉俳句中的景色。在北上川和束稻山的驹形峰之间有一片幽静的田园风光

行程时间◆约55分钟

推荐路线

JR平泉站 ひらいずみえき

↓ 从车站出来向右手边的中尊寺方向前进。步行约9分钟

1 无量光院遗迹 むりょうこういんあと

↓ 继续前行，右手边会出现前往义经堂的坡道。步行约7分钟

2 高馆义经堂 たかだちぎけいどう

↓ 从坡道下来往右手方向前进。很快就能看见参道入口。步行约8分钟

3 中尊寺 ちゅうそんじ

↓ 中尊寺的参观时间为2小时左右，可慢慢参观。步行约10分钟

4 平泉文化遗产中心 ひらいずみぶんかいさんセンター

↓ 继续沿右手方向的道路前行，在一直延续到车站前的大道上向右拐。步行约9分钟

5 毛越寺 もうつうじ

↓ 观自在王院遗迹与毛越寺紧邻在一起。步行即到

6 观自在王院遗迹 かんじざいおういんあと

↓ 回到站前大道上，直行到达车站。步行约8分钟

JR平泉站 ひらいずみえき

拥有浓厚传说色彩的信仰之山

金鸡山 きんけいさん 世界遗产

MAP 附录P.18 B-3

为了在建城时寻找一个基准点，秀衡在这里建造了信仰之山——金鸡山。山顶上有一座经塚。传说，为了保佑平泉的安定，山上还埋有一对雌雄金鸡。

☎0191-46-4012(平泉文化遗产中心) 所岩手县平泉町平泉花立 开休票可自由参观 交在JR平泉站乘坐环游巴士"RUNRUN"号约6分钟，在悠久之汤站下车，步行10分钟 P无

↑金鸡山位于中尊寺与毛越寺之间，海拔98.6m

中尊寺 世界遗产 3
ちゅうそんじ

MAP 附录P.18 A-1

打造佛都的第一寺

初代藤原氏清衡在平泉建造的第一座古刹。其中金色堂是日本第一号国宝。

➡P.120

➡踏上绿意盎然的月见坂，前往金色堂

4 平泉文化遗产中心
ひらいずみぶんかいさんセンター

MAP 附录P.18 B-3

快乐地学习平泉的历史与文化

馆内通过影像资料与展览向游客简洁明了地介绍了世界文化遗产平泉独特的魅力。很多展品都是当地出土的历史文物。

⬆馆内主要展示了藤原氏的历史

⬆游客可在入口处充分利用数字看板了解相关历史

☎0191-46-4012 所岩手县平泉町平泉花立44 开9:00～17:00（入馆截止到16:30）
休全年无休 交从JR平泉站步行18分钟／乘坐环游巴士"RUNRUN"号约7分钟、平泉文化遗产中心下车即到 P有

毛越寺 世界遗产 5
もうつうじ

MAP 附录P.18 B-3

让人对平安时代心驰神往的净土庭园

第二代藤原氏基衡与第三代藤原氏秀衡模仿京都白河法胜寺建造的寺院。过去，这里的规模甚至超越了中尊寺，景色壮观。但历经多次天灾人祸后，寺院建筑已经焚烧殆尽。以池塘为中心的净土庭园风景优美，是珍贵的平安时代历史遗迹。

☎0191-46-2331
所岩手县平泉町平泉大泽58
开8:30～17:00（11月上旬～3月上旬～16:30） 休全年无休 票500日元
交从JR平泉站步行10分钟 P有

毛越寺内的庭园与诸堂

净土庭园
じょうどていえん

充满自然之美的平安时代庭园

大泉池完全复原了平安时代的景观，从假山、沙洲到奇石怪岩、水渠，应有尽有，这里四季鲜花盛放，美不胜收。

本堂
ほんどう

重建的红色本堂

平成元年，这里重建了平安风格的本堂。堂内供奉的本尊是药师如来。

开山堂
かいざんどう

白鹿传说与开山鼻祖

根据白鹿的指引，开山鼻祖慈觉大师在这里建造了毛越寺的前身——嘉祥寺。目前，堂内供奉的也是慈觉大师。

常行堂
じょうぎょうどう

高雅的古典仪式、延年之舞的舞台

每年1月20日，这里都会在神佛面前举行珍贵的无形民俗文化遗产"延年之舞"演出。

6 观自在王院遗迹 世界遗产

かんじざいおういんあと

MAP 附录P.18 B-3

紧邻毛越寺的寺院

基衡的妻子在毛越寺东边建造了寺院，现仅存遗址。舞鹤池与两间阿弥陀佛堂是基于平安时代的建筑手法精心打造的，充分展示了净土庭园之美。现在，这里已经成为历史遗迹公园。

☎0191-46-4012（平泉文化遗产中心） 所岩手县平泉町平泉志罗山 开休票可自由参观 交从JR平泉站步行8分钟 P无

在美丽的草坪前经过复原的舞鹤池和池中小岛

平泉周边的名胜

达谷窟毘沙门堂

たっこくのいわやびしゃもんどう

MAP 本志P.3 D-1

作为征讨虾夷的胜利纪念，坂上田村麻吕建立了这座毗沙门堂。据说在前九年之役中，源赖义和源义家曾在这里祈求胜利。源赖朝在消灭了奥州藤原氏返回镰仓的路上，也曾停留在这里。

☎0191-46-4931
所岩手县平泉町平泉北泽16
开8:00～17:00（冬季～16:30） 休全年无休
票300日元 交从JR平泉站驾车约10分钟 P有

毗沙门堂与身后陡峭的岩壁融为一体

据传是八幡太郎义家亲手雕刻的"岩面大佛"

严美溪 げんびけい

一关 MAP 本志P.3 D-1

伊达政宗把这里和松岛放在一起赞美。严美溪是发源自栗驹山的磐井川在这段2km长的山谷中形成的支流，潺潺的溪水不断侵蚀两岸的岩石，终于在岩石上磨出了圆形的洞穴，形成一种天然的结构美。

☎0191-21-8413（一关市商业观光科）
所岩手县一关市严美町滝上地内
开休票可自由参观 交从JR一之关站换乘岩手县交通巴士·严美溪方向约20分钟，在严美溪站下车即到 P有

严美溪的特产"飞来团子"

猊鼻溪 げいびけい

一关 MAP 本志P.3 E-1

猊鼻溪两岸是高度超过50m的断崖与形状稀奇古怪的岩石，在这里不如登船游览，一边听着船头传来的歌声一边顺水而下，欣赏两岸美景。冬天，乘坐带有被炉的小舟游览也别有一番意趣。

☎0191-47-2341（猊鼻观光预约中心）
所岩手县一关市东山町长坂砂铁川
开8:30～16:30（根据季节有所调整）
休天气恶劣时 票1600日元
交从JR猊鼻溪站步行5分钟 P有

靠运气的"投运玉"游戏也很有意思

顺便逛逛

地水庵

ちすいあん

把荞麦的外壳剥开后，用石臼把里面的芯做成荞麦面，这就是地水庵1日限定10份的古典荞麦面。面色微微带有绿意，据说这才是荞麦本来的颜色。这种荞麦面只有在这里才吃得到。

MAP 附录P.18 B-2

☎0191-46-5484 所岩手县平泉町平泉衣关1-3
营11:30～15:30
休周二～周四 交从JR平泉站驾车约5分钟 P有

店内装修是农家田园风格。有时开店不久荞麦面就会售完

古典荞麦面1000日元。蒸笼荞麦面900日元，烫面荞麦饼800日元

引人注目的休憩之处梦乃风

きになるおやすみどころゆめのかぜ

店里使用产自平泉的糯米、黄金米制作的点心十分有名。推荐大家品尝一下这里的藤原三代点心御膳，一共包含毛豆泥等6种口味。此外，店里还提供平泉特产——小碗荞麦面梦御前套餐，定价1200日元。

MAP 附录P.18 B-2

☎0191-46-2641
所岩手县平泉町平泉花立11-2 营10:00～18:00
休全年无休（12～3月不定期休息） 交从JR平泉站步行13分钟 P有

店铺位于坡路上方。沿着中尊寺前面的街道向车站方向前进就会看到

藤原三代点心御膳定价1000日元。生姜、核桃和芝麻等共6种口味

翁知屋

おおちや

一家专门经营平泉传统工艺品秀衡涂漆器的老字号店铺。除了碗和茶具等高级漆器之外，店里也有很多现代风格的小物件，比如小挂坠和头绳等。

MAP 附录P.18 B-2

☎0191-46-2306
所岩手县平泉町平泉衣关1-7
营9:00～17:00
休周三
交从JR平泉站驾车约5分钟
P有

螺钿挂坠每只售价3025日元。秀衡漆器挂坠售价3780日元，也很受欢迎

透明釉漆器头绳1个5400日元。色彩丰富，花样繁多，也可以单独作为纽扣使用

历史

给东北地区带来百年和平

黄金之都秘藏的思想

平泉，这片在朝廷管束之外的地方，曾经达到过空前的繁荣，甚至与京都并列成为日本的中心都市之一。在乱世中把和平带到这里的藤原清衡到底是怎么样的人呢？了解一下相关信息，我们的旅程将变得更有深度。

平安时代

卷入东北局势的旋涡，来到人世烦恼的尽头

初代清衡的出身

虾夷诸势力的内部抗争与源氏的野心最终导致纷杂的战乱

11世纪后半期，陆奥国的安倍氏和出羽国的清原氏都是当地强有力的名门望族。清衡生于1056年，父亲是在陆奥国府担任官职的藤原经清，母亲是统领奥六郡的安倍赖时之女。藤原经清在前九年之役时曾经站在安倍氏一方，因此在败给朝廷军源赖义、义家父子之后被判处死刑。母亲则站在源氏一方，后来嫁给了灭掉安倍氏的清原氏，年仅7岁的清衡也随母亲来到了清原家。

奥六郡与山北三郡

21年之后，在清原氏遗产的继承问题上，清衡与异母兄弟之间发生纠纷，于是后三年之役由此拉开序幕。另一方面，作为陆奥守备前来任职的源义家，以介入清原氏内部纠纷为契机，企图进军奥羽地区，占领这片盛产骏马与黄金的宝地。在惨绝人寰的后三年之役中，清衡经历了妻儿被杀的人间惨剧，由此他与义家结为联盟，最终获胜，成为奥六郡和山北三郡的霸主。此时，清衡32岁。

虾夷与俘虏　对东北地区原住民的称呼

朝廷对当时居住在东北等地、不服从朝廷管制的人蔑称为“虾夷”。后来虾夷中一部分人归顺了朝廷，他们被称为“俘囚”。这些人原本拥有自己独特的文化，但是到了11世纪，他们基本已经被和人同化。藤原清衡虽然拥有公家血脉，但却自称“俘囚的首领”，把自己归到了虾夷人的系谱中。

前九年之役、后三年之役 势力图

前九年之役开战时　1051年

镇守府将军管理虾夷 ▶ 藤原登任 ✕ 安倍赖时 ◀ 掌管奥六郡（陆奥）的虾夷

虽是安倍氏的女婿，却跟随镇守府 ▶ 藤原经清 　平永衡 ◀ 在镇守府工作却追随妻子的母族安倍氏

【契机】藤原登任谴责安倍氏不按时纳贡，发兵讨伐安倍氏

【结局】在鬼切部之战中安倍氏取得胜利。藤原登任被撤职，由源赖义接任。平永衡被准许重新回到镇守府。

前九年之役结束时　1062年

在黄海之战中大败，向清原氏请求支援 ▶ 源赖义 　安倍贞任 ◀ 赖时的嫡长子，继承了在津轻战死的赖时之位

赖义的儿子 ▶ 源义家 ✕

称霸山北三郡（出羽）的虾夷一族 ▶ 清源武则 　藤原经清 ◀ 看到相同境遇的平永衡被杀害，逃往安倍氏门下

【契机】鬼切部之战后，曾一时停战。但赖义在卸任镇守府将军之前又挑起了冲突，于是战争再次爆发。

【结局】安倍氏战败，走向灭亡。在战争中协助源赖义的清原武则担任镇守府将军，源赖义就任伊予守备。藤原经清被判处死刑，其子清衡成了清原武则之子清原武贞的养子。

后三年之役开战时　1083年

武贞的嫡长子，清衡的异母兄弟 ▶ 清原真衡 　清原清衡 ◀ 身上流着藤原经清和安倍氏血脉的武则养子

✕ 清原家衡 ◀ 清衡的同母弟弟

应真衡的邀请，介入清原氏的内部纠纷 ▶ 源义家 　吉彦秀武 ◀ 清衡名义上的叔父

【契机】继承清原武贞家业的真衡开始攻击叔父吉彦秀武。真衡向担任陆奥守备的源义家寻求协助，吉彦秀武向对真衡感到不满的清衡、家衡寻求协助。

【结局】真衡取得胜利却突然病死。在源义家的调解下，清衡与家衡分别获得奥六郡中的三郡。

后三年之役结束时　1086年

家衡杀害了自己的妻子，于是向义家寻求帮助 ▶ 清原清衡、源义家 ✕ 清原家衡 ◀ 对义家的调节感到不满

【契机】家衡对分割方法感到不满，挑起冲突。

【结局】清衡与义家获胜。清衡继承了清原氏的领地。源氏历经2次战役，与东北地区和关东地区的武士建立起紧密的联系。

平安时代

在平泉构建的净土世界
历经三代的荣华

战争最后，清衡成为东北地区的霸主
祈愿和平，创造宗教大都市

在后三年之役结束后，清衡以父亲乃藤原摄关的后裔为由，改回了藤原姓。此时的清衡已经成为奥州的霸主，通过灵活运用他所继承的财富，清衡与中央政府建立起了友好关系，他越过虾夷与大和之间的国境线衣川，在平泉地区建立起自己的佛教国土。

50岁之时，清衡开始着手建造中尊寺。经过21年的不断建设，中尊寺已经成为拥有佛堂庙宇40座、圣僧300余名的大伽蓝。通过对黄金的大范围运用，清衡把想象中的净土世界带到了现实当中，他祈愿佛祖的慈悲能够普照俘囚之国，让这里永远和平没有战争。

清衡的后代继承了他的遗愿，二代基衡和三代秀衡分别建有毛越寺和无量光院，它们都是带有净土庭园的大型寺院。其中，三代秀衡甚至担任过陆奥守备，即使是在源平合战中，他也没有被卷入战争，而是继续保持了中立与和平。1189年，持续了100年的和平被打破，四代泰衡允许了源赖朝率领的镰仓军的袭击，最终伴随着建于清衡时代的平泉馆（柳之御所）被烧毁，藤原氏的历史落下了帷幕。

柳之御所遗迹
やなぎのごしょいせき

平泉 MAP 附录P.18 C-3

专家推断这里是藤原氏的办公厅“平泉馆”。在这里，人们发现了水渠、庭园池塘和地基柱等建筑遗迹，另外还有很多土器和中国的陶瓷器等历史遗物。目前，这里已经被改建成一座史迹公园。

所 岩手县平泉町平泉伽罗乐108-1
交 从JR平泉站步行10分钟 P 有

毛越寺 ➲P.126
もうつうじ

平泉 MAP 附录P.18 B-3

毛越寺建于9世纪。奥州藤原氏二代基衡和三代秀衡建造了许多伽蓝寺院，但经过历次火灾都已损毁，目前庭园中还残留着往昔的影子。毛越寺被指定为特别历史遗迹、特别名胜。

交 从JR平泉站步行10分钟

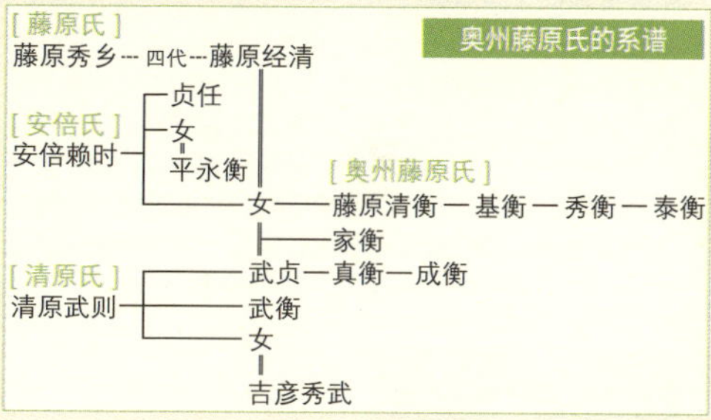

中尊寺建立供养愿文 中尊寺建立的背后意义

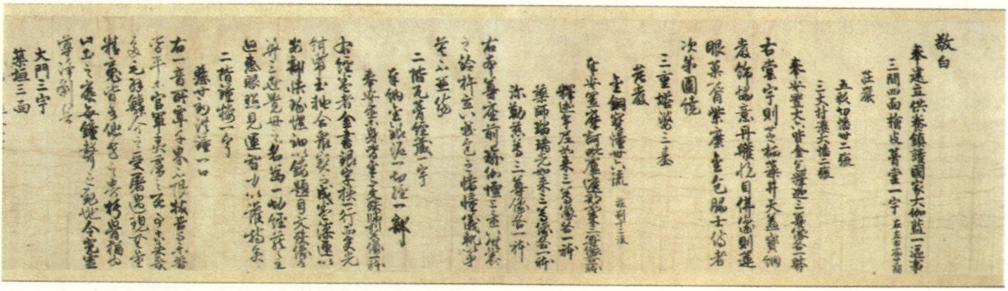

纸本墨书中尊寺建立供养愿文（中尊寺大长寿院藏）

1126年，在中尊寺的落成法会上，清衡亲自在佛前朗读了这篇发愿文。文章由京都的著名文学家藤原敦光撰写，目前保留有两部抄写本，分别是镰仓的书法家藤原辅方版本和担任陆奥守备的北畠显家版本。

文章开头注明“镇护国家大伽蓝”，开篇虽然有祈祷白河院、鸟羽院和崇德天皇健康长寿的字样，但是这篇发愿文还是以倡导佛法功德平等的《法华经》教义为基准，向世人传达了清衡建立中尊寺热切的想法。清衡祈愿，在战乱中牺牲的人都能被引导进入净土世界。为了让在荒芜的陆奥地区生存的人们过上更好的生活，他希望以中尊寺为中心，让佛教文化在这片土地上发扬光大。

梵钟之音，不分敌我，响遍世界。人们均可平等地去除苦痛、获享安乐。进攻的都军与守护的虾夷，历经百战，自古以来不知失去了多少性命。在此陆奥，不仅是人类，就是兽、鸟、鱼、贝，自古至今的牺牲不胜其数。所有的灵魂，都前往别的世界，腐朽的身骨则化作灰烬，如今仍把其感慨留在这尘世中。祈愿每个震撼大地的钟响，可以引导那些无罪的灵魂们，前往和平宁静的净土世界。

（平泉文化遗产中心前馆长 已故大矢邦宣口译／节选）

让漂泊的歌人醉倒的陆奥之旅

西行的平泉之旅

对生活在都城里的人来说，一方面，平安时代的陆奥地区就是虾夷人生活的偏远之地。另一方面，作为人们感到好奇和憧憬的对象，陆奥地区的很多地方又出现在和歌题名中。西行沿着能因法师的足迹，两次来到自己的亲戚藤原秀衡管理下的黄金时期的平泉。

让西行感慨的衣川与束稻山的樱花

西行本名佐藤义清，曾任鸟羽天皇的北面武士，后抛妻弃子，在23岁的时候突然出家。他初次踏上奥州之旅是在20岁后半期。这次旅行的目的是沿着能因法师的脚步，寻访那些出现在歌枕中的陆奥地区。

西行法师留下诗歌的这次旅行有人认为是初次之旅，也有人认为是第二次旅行。不管怎样，在旧历的10月份，西行到达平泉，在狂风暴雨中，他来到古战场衣川，留下了千古绝句，“心寒若冻，清冷料峭，为见衣川，今来之犹然”。此外，当他看见束稻山的樱花，也不禁感叹除了吉野山之外，再也没见过如此美丽的樱花之山了。

多贺城碑
たがじょうひ

多贺城 MAP 附录P.14 B-4

这里自古因歌枕“壶碑”而广为人知，西行也曾在诗句中提到这里。现在它是构成日本文化遗产“政宗创造的伊达文化”的一部分。此外，这里还是日本国家级名胜、日本三大古碑的所在地。

交 从JR国府多贺城站步行10分钟

西行法师折回之松公园
さいぎょうもどしのまつこうえん →P.102

松岛 MAP 附录P.15 D-2

据传，西行在松树下与路过的童子进行禅宗问答，结果输给了童子，也因此放弃了前往松岛的计划。越过层层的樱花所看到的松岛湾风景颇有名气。

交 松岛海岸站驾车约5分钟

能因法师　漂流歌人的鼻祖

能因法师是比西行早了约100年的人物。他26岁出家，遍访奥州与四国等地。能因法师著有总结了各地名胜(歌枕)的《能因歌枕》一书。代表作“京都晚霞，共秋风，飞渡白河关”是他来到奥州之际所作。关于这首和歌，还有一段逸事，据说能因法师在京都的时候觉得自己写的和歌都很无聊，于是连续好几日蹲在家里晒太阳，直到他把自己去奥州时写的和歌都整理出来发表才作罢。

战乱的余波仍未消失　40年后的再度访问

1186年，西行在69岁的时候第二次来到平泉，这次他是为了给在源平之战中烧毁的东大寺筹集重建资金而来。途中，他来到镰仓，在源赖朝面前没有讲解诗歌，反而就流镝马的工艺展开了解说。后在平泉他与同年龄段的秀衡相谈甚欢，秀衡捐赠了450两砂金给东大寺。

在中尊寺，西行遇到了被流放到这里的奈良僧人，他一度痛哭流涕，悲伤到即便人在平泉，却没有留下一首与在京都都赫赫有名的中尊寺金色堂、豪华炫烂的伽蓝和毛越寺相关的诗歌。西行决定在平泉的自然与内心中寻找诗歌的题材，于是他一头钻进了平泉的山野之中。离开平泉的翌年，源赖朝发现源义经隐藏在平泉，于是镰仓与平泉走向对立，最终奥州藤原氏灭亡。后年，西行踏上了前往西方净土之旅，此时的他已经73岁。

藤原秀乡　奥州藤原氏与西行共同的先祖

平安时代中期，藤原秀乡是平定了平将门之乱的武家大将，其子孙多在关东地区扩展自己的势力。藤原清衡的父亲藤原经清是他的第六代子孙，西行则是第九代。后世曾有许多关于他的传说，其中就有他化名俵藤太，击退大蜈蚣的事迹。

西行樱之森
さいぎょうさくらのもり

平泉 MAP 本志P.3 D-1

“未曾知晓，束稻山的樱花，吉野山之外，竟有如此连璧”。这里指的是西行曾经吟诵过的赏樱胜地。在这里可以将北山川、中尊寺、毛越寺和高馆等地方尽收眼底。

交 从东北高速平泉前泽IC驾车约15分钟

镰仓时代～现代

奥州藤原氏灭亡后的平泉

功名昨日古战场，一枕梦黄粱

这里有很多围绕义经和弁庆展开的传说
后世亦有多名俳句作家、诗人前来探访

1189年闰4月30日，源义经被藤原泰衡突袭，在高馆的衣川馆先将妻子与孩子杀死，然后自杀。弁庆为了守护义经，在门口舞起大刀浴血奋战，最后身中如雨般密集的敌箭，以站立的姿势殒命，因此后世一直流传着“弁庆站立往生”的故事。“判官赑屃”认为义经主仆没有死去，而是逃往了青森和北海道等地。根据《义经北行传说》一书的说法，义经往西逃到了大陆，最后成了成吉思汗。像这样有关义经与弁庆的传说还有很多。

500年之后的1689年，松尾芭蕉来到平泉，留下了“夏天草凄凉，功名昨日古战场，一枕梦黄粱”的诗句。

另外，在法华经信者宫泽贤治的诗歌中也曾出现中尊寺的身影。“中尊寺，青叶掩夕日，我魂震颤，青钟长鸣。”青钟是祈愿和平与反战之钟。在东日本大地震时，为了替遇难者祈求冥福，曾经破例敲响它。

高馆义经堂 P.125

たかだちぎけいどう

平泉 MAP 附录P.18 B-2

源义经自杀之地。堂内有义经像。旁边还立有松尾芭蕉的俳句石碑，上刻“夏草……”

从高馆义经堂公交站下车即是

武藏坊弁庆之墓

むさしぼうべんけいのはか

平泉 MAP 附录P.18 B-2

自从在五条大桥上遇到义经之后，弁庆作为义经的忠臣，把自己的一生都奉献给了义经，最后以站立的姿势殒命。在他殒命的衣川附近、中尊寺的参道月见坂上坡入口，立有义经之墓。

在中尊寺公交站下车即到

西历	日本纪年	事项
749	天平 21	在陆奥国发现日本最早的金矿
780	宝龟 11	伊治呰麻吕烧毁多贺城
802	延历 21	阿弖流为和母礼被征夷大将军坂上田村麻吕降服
850	嘉祥 3	根据寺里记载，比叡山的高僧慈觉大师元仁是中尊寺 P.120和毛越寺 P.126的开山鼻祖
1051	永承 6	在鬼切部，陆奥守备藤原登任败给了安部赖良。源赖义赴任，担任陆奥守备一职（前九年之役开始）
1052	7	根据大赦命令两军休战。平永衡回到国府
1056	天喜 4	以阿久利川事件为契机，战争再度打响。平永衡因被怀疑通敌而惨遭杀害，目睹这一情况，藤原经清倒向安倍氏一方
1057	5	在黄海之战中，源义家败给了安部贞任
1062	康平 5	清原武则参战。安倍氏败北灭亡。清原氏得到了安倍氏的领地（前九年之役结束）
1083	永保 3	清原真衡与弟弟清衡、家衡争夺家产。真衡得到陆奥守备源义家的支持获得胜利，但却突然去世。清原氏的领地被清衡和家衡分割。（后三年之役开始）
1086	应德 3	清原家衡对分割结果感到不满，带兵攻打清原清衡的城池。清衡失去了妻子，向源义家寻求协助
1087	宽德 元	清原清衡打败了清原家衡，继承了清原氏的所有领地。承袭亲生父亲的藤原之姓，成为初代的奥州藤原氏（后三年之役结束）

西历	日本纪年	事项
1094	嘉保 元	据推测，这一时期（～1104嘉保·康和年间）藤原清衡搬去了平泉居住（柳之御所遗迹 P.129）
1105	长治 2	藤原清衡开始着手建造中尊寺
1124	天治 元	金色堂 P.123建成
1131	天承 元	这一时期（～1134），二代藤原基衡开始建造毛越寺
1144	天养 元	这一时期，西行访问平泉
1174	承安 4	源义经来到平泉。受到三代藤原秀衡的保护
1180	治承 4	源赖朝在伊豆举兵，源义经离开平泉，前往赖朝处参加战役
1186	文治 2	西行为了游说东大寺的重建第二次来到平泉
1187	3	讨伐平家之后，源义经与源赖朝的关系恶化，源义经在平泉殒命。藤原秀衡去世
1189	5	源义经自杀。藤原泰衡把首级送给了源赖朝，但是赖朝举兵征讨奥州，奥州藤原氏灭亡
1288	正应 元	根据镰仓幕府的决定，金色堂外面罩上了覆堂（旧覆堂 P.123）
1337	建武 4	中尊寺大部分建筑在火灾中烧毁
1689	元禄 2	松尾芭蕉访问平泉
1699	元禄 12	仙台藩对金色堂进行翻修
1962	昭和 37	金色堂解体修复工程（昭和大修复）开始
2011	平成 23	“平泉——以净土思想为基调的文化景观”，被收录于世界文化遗产名录

鸣子峡
なるこきょう

MAP 附录P.19 D-4

雄伟的溪谷层林尽染

位于大谷川沿岸深约100m、长约2.5km的溪谷地带。这里是欣赏红叶的绝佳场所，游客除了可以在鸣子峡休憩处的眺望台远眺大深泽桥横跨溪谷的美景，也可以在附近的散步道上感受森林浴的舒适。

☎0229-83-3441（鸣子观光·旅馆信息中心） 所大崎市鸣子温泉尿前地内 开休票开放期间内可自由游览（11～4月为封锁期） 交从JR鸣子温泉站驾车约10分钟 P有

这里红叶的最佳观赏期是10月下旬～11月上旬

可爱的小芥子木偶正在这里等你

鸣子温泉乡
なるこおんせんきょう

拥有1000多年历史的古老温泉，也是奥州三大名汤之一。丰富的泉水与多种多样的水质自古就是深受人们喜爱的治愈之汤。间歇泉与鸣子峡等充满生命力的自然景观也别有魅力。

水质多样、风情万种的温泉之乡 通过泡各种温泉来享受多种治愈功效

鸣子温泉乡是对散布在江河川流域的鸣子、东鸣子、中山平、川渡和鬼首5个温泉地区的总称。在这里，游客可以体验到约400个温泉池、共九种不同水质的温泉。鸣子因小芥子木偶而出名，川渡很早以前就建有木结构的温泉旅馆，鸣子峡附近的中山平是欣赏红叶的绝佳去处。可以说，鸣子温泉乡是一个充满各种各样乐趣的地方。

交通information

驾车 从仙台市区出发，经东北高速·国道47号行驶约80km

铁路 从JR仙台站乘坐东北新干线·陆羽东线（在古川站换乘）约1小时

首先在站前的足浴池中放松一下吧

"咕噜咕噜足汤"位于JR鸣子温泉站站前。在等待回程的电车时，不妨在这里放松一下。在鸣子温泉街上也有其他的足浴池和泡手汤。

咕噜咕噜足汤 MAP 附录P.19 F-3

☎0229-83-3441（鸣子观光·旅馆信息中心） 所大崎市鸣子温泉汤元2-1 JR鸣子温泉站内 开票可自由使用 休全年无休

鸣子温泉神社
なるこおんせんじんじゃ

MAP 附录P.19 F-3

与温泉历史一样悠久的古神社

837年，由于火山喷发这里的温泉水喷涌而出，为了祭祀温泉之神，人们在这里建造了温泉神社。在神社门前，立有"啼子之碑"，上面记载了源义经和家人在前往平泉的途中曾路过鸣子的事情。

古神社位于温泉街的高台之上

☎0229-82-2320 所大崎市鸣子温泉汤元31-1 开休票可自由参拜 交从JR鸣子温泉站步行5分钟 P有

地狱谷散步道
じごくだにゆうほどう

MAP 本志P.2 C-1

生机勃勃的温泉风光

沿着吹上泽前行，这里有一处散步道，行程约30分钟。在散步道两边，随处可见咕咚咕咚喷涌而出的温泉水。伴随着不停涌出的温泉水，泉水的热气也随之飘荡在半空中。如果带着生鸡蛋来，还可以在这些大大小小的间歇泉上制作自己的"温泉蛋"。

☎0229-86-2288（鸣子温泉酿造所） 所大崎市鸣子温泉字鬼首吹上 开休票可自由游览（11月中旬～4月下旬是冬季封锁期，如遇降雪则提前关闭） 交在JR鸣子温泉站乘坐市营公交·鬼首方向约31分钟，在间歇泉站下车即到 P有

自古以来，当地人都把间歇泉称为"地狱"。虽然穿着木屐方便行走，但在这里要小心热汤

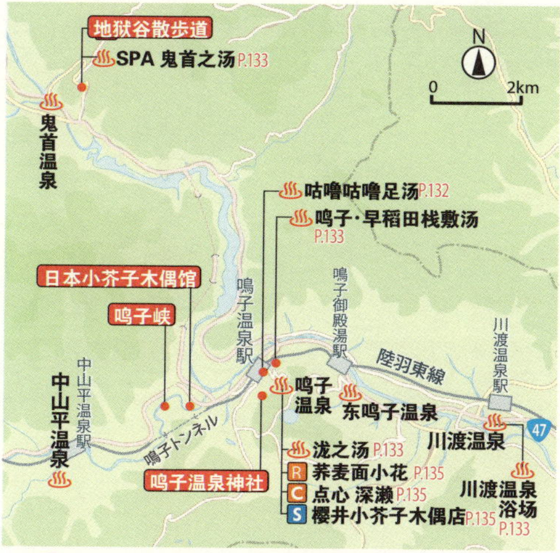

门口有大型的小芥子木偶在迎客

在这里可观赏小芥子木偶的制作工艺

日本小芥子木偶馆

にほんこけしかん

MAP 附录P.19 D-4

表情单纯可爱的鸣子小芥子木偶。馆内还有很多木偶出售

观赏可爱的小芥子木偶

鸣子的小芥子木偶拥有近200年的历史，它的特点是转动头部的时候，木偶会发出啾的一声。馆内展示有约5000个传统的小芥子木偶。此外，还有专业手工艺人的现场制作表演和绘制木偶体验区。

☎0229-83-3600 所大崎市鸣子温泉尿前74-2
开8:30～17:00（12月は9:00～16:00） 休1～3月 票320日元
交从JR鸣子温泉站驾车约5分钟 P有

小芥子木偶绘制体验

自由地装扮木偶

游客可自由创作，制作属于自己的、独一无二的原创木偶。9人以内不需预约，当天即可制作完成带回。

【所需时间】30分钟
【体验费】1080日元

热门景点

带着木屐手办游览温泉之乡

在鸣子温泉站内的鸣子观光·旅馆信息中心购买木屐手办，就可以在鸣子温泉街上的特产店和餐饮店等合作商家享受优惠及特殊服务。带有租赁木屐服务的手办售价100日元，建议在旅程开始之前购买。

☎0229-83-3441（鸣子观光·旅馆信息中心） 票100日元

鸣子温泉乡 在公共浴场享受热汤的魅力

只有在山间才能看到的田园风格木结构汤屋，这里开放式的高原之汤正在等待游客的光临。温泉之乡随处可见各种各样的温泉，走走停停，享受不同水质和风情带来的乐趣吧。

用干树叶建造的汤屋别有情趣

泷之汤

たきのゆ

浴池中的温泉水引自鸣子温泉神社中的御神之汤，是一座历史悠久的公共浴场。

MAP 附录P.19 F-3

☎080-9633-7930 所大崎市鸣子温泉汤元47-1
营7:30～22:00（入场～21:30） 休全年无休 票150日元
交从JR鸣子温泉站步行5分钟 P无

能够眺望山中景色的高原温泉

SPA鬼首之汤

すぱおにこうべのゆ

温泉位于高原上的一处平地，每天这里的两种温泉——露天浴池和室内浴池交替开放。

MAP 本志P.2 C-1

☎0229-86-2493 所大崎市鸣子温泉鬼首本宫原23-89 营10:00～18:00（入场～17:30、根据季节有所调整） 休11～4月 票520日元 交在JR鸣子温泉站乘坐市营巴士鬼首方向约31分钟，在吹上高原场下车即到 P有

在通透的开间里泡汤

鸣子·早稻田栈敷汤

なるこ わせださじきゆ

战后不久，早稻田大学的学生在进行地质调查时挖掘出这里的温泉。

MAP 附录P.19 F-3

☎0229-83-4751 所大崎市鸣子温泉新屋敷124-1
营9:00～22:00（入场～21:30） 休全年无休 票540日元
交从JR鸣子温泉站步行3分钟 P无

莺绿色的热汤

川渡温泉浴场

かわたびおんせんよくじょう

位于住宅区、长久以来颇受当地人喜爱的温泉，建筑风格朴素，别有情趣。

MAP 本志P.2 C-2

☎0229-84-7946 所大崎市鸣子温泉川渡25-59
营6:00～22:00 休全年无休（周一·周五8:00～13:00为清洁时间，不可使用） 票200日元 交从JR川渡温泉站步行30分钟 P无

如鳗鱼般滑润的泉水
神秘的治愈之汤

元祖鳗鱼汤旅馆 YUSAYA旅馆

がんそうなぎゆのやど ゆさやりょかん

MAP 附录P.19 F-3

拥有400年历史的温泉旅馆。鳗鱼汤是滑溜溜的碱性泉水，拥有美肤功效。根据天气和气温的变化，有时会呈现出祖母绿色，有时则是透明色，是一处色彩丰富的梦幻之汤。此外，旅馆内还有硫黄温泉和包场露天温泉。

☎0229-83-2565
所大崎市鸣子温泉汤元84
交从JR鸣子温泉站步行4分钟 P有
in14:00 out10:00 室14间
预算1晚2餐13950日元起

1. 从江户中期就声名远播的鳗鱼汤 2. 乡间料理充分发挥了山间食材的魅力 3. 建于昭和11年的木结构建筑，被指定为日本国家有形文化遗产 4. 包场露天温泉“茜之汤”，四周用木头隔离，放松效果显著

鸣子温泉乡的温泉旅馆

各式各样的治愈热汤

作为拥有治愈疗效的热汤，这里的温泉自古就备受欢迎，许多热汤都值得静心去感受。由于这里的泉源不同，水质也呈现出多种多样的面貌，旅馆外的温泉也值得探索。

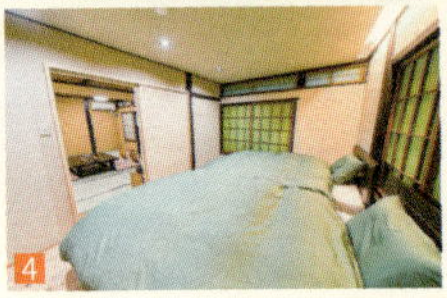

1. 庭园中的包场露天温泉“母里之汤”，在这里泡汤号称是生命的洗涤，“通过愉快的泡汤让身心得到净化” 2.“药师千人温泉”等室内温泉共有7处 3.“蒸浴池”，借助在榻榻米下流过的温泉水之热度来享受芳香浴 4. 限定只有1间带有床的日式房间 5. 三菜一汤套餐的菜品，主要使用玄米和蔬菜制作

极致的泡汤体验
传统的温泉旅馆

百年温泉旅馆 旅馆大沼

ひゃくねんゆやど りょかんおおぬま

MAP 本志P.2 C-2

创业100年的小型旅馆。馆内共有8种类型的温泉浴池，其中最为舒适的要数可包场的庭园露天温泉。在大自然的力量下让心灵与身体得到放松。住宿费除了标准套餐之外，还有三菜一汤套餐和自己动手做饭套餐可供选择。

☎0229-83-3052
所大崎市鸣子温泉赤汤34 交从JR鸣子御殿汤站步行5分钟 P有 in14:00 out10:00 室20间 预算1晚2餐13110日元起（含本馆“母里之汤”入浴费）
※随到随泡汤 11:00～14:00/500日元/全年无休（“母里之汤”平日限定 1日3组，需预约。40分钟，1人2160日元）

色彩鲜艳而富于变化的美肌之汤

鸣子宾馆

なるこホテル

MAP 附录P.19 F-3

拥有美丽的山景与色彩富于变化的治愈系温泉旅馆。温泉水引自三个不同的泉源，具有可与美容精华相媲美的美肤效果。红叶馆里带有足浴的露天温泉客房是套间的形式，可供带老人和儿童出游的家庭一起使用。

☎0229-83-2001 所大崎市鸣子温泉汤元36 交从JR鸣子温泉站步行5分钟 P有 in15:00 out10:00 室125间 预算1晚2餐10950日元起 ※随到随泡汤 11:00～15:00/1080日元/全年无休（临时休业）

1. 晚餐在自助餐厅宫城野享用时令美食
2. 颜色时刻都在变化的梦幻之汤"芭蕉汤"
3. "玉之汤"空间宽敞，同时具备室内浴池和露天浴池

鸣子温泉乡的餐饮&手工艺品

这里自古就因温泉街而繁荣，因此餐厅和老字号店铺也齐聚一堂。工艺品方面除了小芥子木偶，日常实用型的鸣子漆器也广为人知。

因炸鸡块而出名的荞麦面店

荞麦面 小花

そばどころこはな

创业于1915年、位于温泉街中心地带的日本荞麦面店。可以说这家店是与鸣子温泉共同成长起来的。店里使用放养的本地鸡制作的炸鸡块很受欢迎。此外，也推荐大家试试这里使用时令食材制作的荞麦面。

MAP 附录P.19 F-3

☎0229-83-2126 所大崎市鸣子温泉汤元87 营11:00～22:00 休不定期休息 交从JR鸣子温泉站步行3分钟 P有（合作停车场）

⬇炸鸡块荞麦面750日元。天笊荞麦面1100日元

鸣子特产栗团子颇受好评

点心 深濑

もちどころふかせ

老字号的点心店，目前店内也有蛋糕等西式点心售卖。其中，这里最受欢迎的要数鸣子特产栗团子，它是把栗子包裹在糯米中、蘸取酱料食用的一种点心。店内提供顾客用餐区。

⬆除日式点心之外，这家老字号店铺也提供西式点心

⬅店内食用套餐360日元。装有5个团子的外带套餐756日元

MAP 附录P.19 F-3

☎0229-83-2146 所大崎市鸣子温泉汤元24-2 营8:00～18:00（栗团子售完即止） 休不定期休息 交从JR鸣子温泉站步行3分钟 P无

鸣子特产应有尽有

樱井小芥子木偶店

さくらいこけしてん

店里摆满了大大小小、一扭头就会发出啾的一声的小芥子木偶。此外，在这里也能够找到小芥子木偶的周边商品和其他木制玩具。小芥子木偶的绘制体验收费1500日元。

➡鸣子小芥子木偶售价1200日元起。店内还有许多其他各式各样的小芥子木偶周边商品

MAP 附录P.19 F-3

☎0229-83-3460 所大崎市鸣子温泉汤元26 营8:00～19:00 休不定期休息 交从JR鸣子温泉站步行3分钟 P无

在“宫城的明治村”体验时光旅行

登米

とよま

历史悠久的街道，莫名有种穿越之感
沿着传统的日式武家住宅大道，
前往拥有现代风格建筑的明治村

重现往昔岁月 探索明治建筑群

登米市登米町在江户时代曾经是登米伊达藩的城关镇，到明治以后，这里则因为北上川的水运而逐渐繁荣。由于这里保留着许多明治时期的西式建筑与仓库，因此登米町也被称为“宫城的明治村”。探访这里散落在大街小巷的复古建筑，品尝当地美食油炸面筋盖饭，登米正在等待你的光临。

交通information

驾车 从平泉出发经国道432号行驶约48km

铁路·巴士 从JR平泉站出发乘坐东北本线·东北新干线(在一之关站换乘)到达仙台站，行程约1小时；再从仙台站前乘坐东日本急行高速巴士·登米综合支所方向约1小时30分钟，到达登米明治村。

小贴士

春季的樱花缤纷绚烂

每年4月中旬～下旬左右，“春兰亭”庭园里的垂樱盛开。届时樱花的树枝甚至会伸出武家的住宅垂到路边，把小路装点得美不胜收。

武家住宅“春兰亭”

ぶけやしき しゅんらんてい

MAP 附录P.19 E-1

在江户建筑的休息处小憩一下

这里保存着建于江户中期～后期的武家住宅建筑。走累的时候来这里的围炉里端和侧边小憩一下，尝尝当地的春兰茶和日式小点心，也是不错的选择，特别是春兰茶，茶杯里还漂有春兰花瓣。套餐售价500日元。

☎0220-52-2960
所 登米市登米町寺池樱小路79
开 9:00～16:30 休 全年无休 票 免费
交 从登米明治村公交车站步行2分钟 P 有

↑在住宅内部的围炉边上可以饮茶休息
照片提供：(股份公司)登米振兴公社

→富于古朴情趣的茅顶母屋，鲜花盛开的庭院

警察资料馆

けいさつしりょうかん

MAP 附录P.19 E-2

明治时代的拘留所

从1889年到1968年，这里一直是旧登米警察局的办公厅。目前，资料馆复原了明治时期与警察有关的资料和拘留所的面貌，并且内部展示有昭和时代的警车。

☎0220-52-2595 所 登米市登米町寺池中町3
开 9:00～16:30 休 全年无休 票 300日元
交 从登米明治村公交车站步行7分钟 P 有

↑西式的阳台与瓦片屋顶并存的混搭建筑

1973年之前，这里一直用作校舍

教育资料馆

きょういくしりょうかん

MAP 附录P.19 E-1

时髦的明治小学

建于1888年的旧登米高等普通小学校。建筑外部设有阳台和走廊，在当时是非常时髦的设计。馆内复原了大正时期的上课场景。该建筑是日本国家重要文化遗产。

再现了明治时期学校风貌的珍贵历史建筑

照片提供：(股份公司)登米振兴公社

☎0220-52-2496 所登米市登米町池樱小路6

开9:00～17:00(入馆16:30) 休全年无休

票400日元 交从登米明治村公交车站步行3分钟 P有

登米怀古馆

とよまかいこかん

MAP 附录P.19 E-1

有关登米战国时期的武将介绍

资料馆位于寺池城址公园内，这里原来是登米伊达家的城池。馆内展示有与登米伊达家有关的武器等文化遗产。

伊达政宗家臣登米伊达家的资料馆

照片出处：TOYUMA振兴公社

☎0220-52-3578 所登米市登米町寺池樱小路103-9 开9:00～16:30

休全年无休 票200日元 交从登米明治村公交车站下车即到 P有

登米的餐饮与手工艺品

享用人气当地盖饭

餐厅 MON

あじどころ もん

用酱汁煮透的面筋(油炸豆腐)包裹在鸡蛋中，满满地在米饭上铺一层，这就是当地的美食“油炸豆腐盖饭”。盖饭与当地的乡土美食面片汤组合的套餐被称为登米套餐，定价1080日元。

MAP 附录P.19 F-1

☎0220-52-3161

所登米市登米町寺池樱小路91

营11:30～14:00(晚餐服务需预约，请提前确认)

休不定期休息 交从登米明治村公交车站下车即到 P有

面筋已经裹满了酱汁，鲜嫩多汁

这里是颇受当地人欢迎的餐厅

在这里购买登米的特产

登米观光物产中心远山之里

とよまかんこうぶっさんセンターとおやまのさと

这是登米观光的官方直营店，店里不仅有观光信息中心，还负责销售当地的各种特产。美食面筋两个一盒，售价410日元。同时店里还设有品尝美食的用餐区。

走累的时候也可以来这里休息一下

MAP 附录P.19 E-1

☎0220-52-5566 所登米市登米町寺池樱小路2-1

营9:00～17:00 休全年无休

交从登米明治村公交车站下车即到 P有

水泽县厅纪念馆

みずさわけんちょうきねんかん

MAP 附录P.19 E-1

明治时期县办公厅的所在地

建于废藩置县后的1872年，是当时的县办公厅。之后曾经用作小学和法院的占地。现在这里复原了明治时期的法院面貌。

☎0220-52-2160

所登米市登米町寺池樱小路1

开9:00～16:30 休全年无休 票200日元

交从登米明治村公交车站下车即到 P无

玄关是日式建筑、建筑本体则是西式建筑，两种风格交相辉映

海老喜 宝藏资料馆

えびきくらのしりょうかん

MAP 附录P.19 F-1

参观保持了昔日风貌的酒庄

创业于1833年的海老喜商店，是一家集酿酒、生产味噌和酱油为一体的生产商。目前这里已经向公众开放，游客可参观明治时期的酒庄，并聆听导游对酿酒历史的解说。

☎0220-52-2015

所登米市登米町寺池三日町22 开9:00～17:00(入馆截止到16:40) 休不定期休息 票200日元

交从登米明治村公交车站下车即到 P有

在馆内也可参观用作下料的深井

传统艺能传承馆 森舞台

でんとうげいのうでんしょうかん もりぶたい

MAP 本志P.3 E-2

真正的能乐舞台

传承馆由新国立竞技场的设计师隈研吾设计。馆内展示有与当地传统艺术登米能乐相关的资料。每年9月，在能乐舞台上还会上演薪能表演。

☎0220-52-3927

所登米市登米町寺池上町42

开9:00～16:30 休全年无休 票200日元

交从登米明治村公交车站下车步行10分钟 P有

该建筑曾获1997年的日本建筑学会奖

登米

仙台·松岛·平泉 住宿建议

对于第一次到访的地方，应该在哪里寻找宾馆，确实令人烦恼。
我们应该首先掌握交通便利又有意思的景点信息，然后再根据旅行的主题安排住宿。

仙台周边的住宿

交通便利的仙台站周边与奢侈的温泉旅馆

首先我们了解一下仙台中心地带的设施。这里的宾馆基本都集中在JR仙台站周边可步行的范围内。由于交通的便利性基本一致，因此只要考虑设施的环境和金额即可。从秋保温泉和作并温泉出发，旅馆一般都有接送车服务，不用1小时即可到达仙台，因此也可将这两个地点列入住宿选项中。

仙台中心地带的住宿设施

由于附近地区有很多温泉设施，因此仙台虽然是大都市，旅馆却并没有太多。商务型的便捷酒店占大多数，但自从2010年威斯汀酒店在仙台开设分店以后，这里高级的酒店越来越多了。

秋保·作并温泉的住宿设施

这两个地方已经逐渐被人们称为仙台的市区或是仙台的后花园，因此住在这里到仙台中心地区观光也十分方便，顺便还可以享受到奢侈的悠闲时光。最近，度假村式的高级酒店和低价格的便捷酒店正在逐年增加。

松岛周边的住宿

能够观赏美景的住宿才是旅游的真谛

在日本数一数二的旅游胜地松岛湾周边，有很多住宿设施。松岛温泉是近些年来新开发的景点，因此能够享受到温泉的旅馆并没有太多。除松岛湾以外，宫城县内的第二大都市石卷也有很多商务酒店和旅馆。

平泉周边的住宿

推荐从仙台出发一日往返

平泉站附近旅馆并不是很多，因此推荐大家住在仙台，进行一日往返的旅程，或是住在稍远一点的鸣子温泉乡的温泉旅馆。如果一定要在平泉附近住宿的话，在新干线和高速路的交叉口一关附近倒是有不少商务型的酒店，可以纳入考虑范围。

仙台中心地区的主要宾馆

仙台站 MAP 附录P.11 E-2
仙台大都会酒店
ホテルメトロポリタンせんだい
☎022-268-2525
所仙台市青叶区中央1-1-1
URL sendai.metropolitan.jp

仙台站西口 MAP 附录P.10 C-3
仙台威斯汀酒店
ウェスティンホテルせんだい
☎022-722-1234
所仙台市青叶区一番町1-9-1
URL www.the-westin-sendai.com

仙台站西口 MAP 附录P.11 E-3
仙台蒙特利酒店
ホテルモントレせんだい
☎022-265-7110 所仙台市青叶区中央4-1-8 URL www.hotelmonterey.co.jp/sendai/

仙台站西口 MAP 附录P.11 D-3
仙台国际酒店
せんだいこくさいホテル
☎022-268-1111
所仙台市青叶区中央4-6-1
URL www.tobu-skh.co.jp

仙台站西口 MAP 附录P.9 E-4
仙台三井花园酒店
みついガーデンホテルせんだい
☎022-214-1131 所仙台市青叶区本町2-4-6 URL www.gardenhotels.co.jp/sendai/

仙台站西口 MAP 附录P.11 E-3
仙台华盛顿酒店
せんだいワシントンホテル
☎022-745-2222 所仙台市青叶区中央4-10-8 URL washington-hotels.jp/sendai/

仙台站东口 MAP 附录P.11 F-4
全日空仙台假日酒店
エーエヌエーホリデイインせんだい
☎022-256-5111 所仙台市若林区新寺1-4-1 URL www.anaholidayinn-sendai.jp

仙台站西口 MAP 附录P.11 D-1
里士满酒店普利米尔仙台站前
リッチモンドホテルプレミアせんだいえきまえ
☎022-716-2855 所仙台市青叶区中央2-1-1仙台东宝大厦5F
URL richmondhotel.jp/sendai-ekimae/

仙台站东口 MAP 附录P.11 F-1
舒适精选酒店仙台东口
コンフォートホテルせんだいひがしぐち
☎022-792-8711 所仙台市宫城野区名挂丁205-5 URL www.choice-hotels.jp/sendai-e/

仙台站东口 MAP 附录P.7 E-3
仙台远景酒店
ホテルビスタせんだい
☎022-385-6222 所仙台市宫城野区榴冈1-7-3 URL www.hotel-vista.jp/sendai/

仙台站西口 MAP 附录P.7 E-2
仙台市日航城市酒店
ホテルジャルシティせんだい
☎022-711-2580 所仙台市青叶区花京院1-2-12 URL www.sendai.jalcity.co.jp

仙台站西口 MAP 附录P. 9 D-3
图书馆酒店东二番丁
ライブラリーホテルひがしにばんちょう
☎022-221-7666 所仙台市青叶区本町2-15-10 URL www.libraryhotel.jp/higashinibancho.html

酒店预订网站的使用方法

面对数量众多的预订网站，应该使用哪家实在让人困惑，但其实这些网站的基本预订信息都是相通的，因此无论使用哪个网站进行查询都是可以的。如果想要预订比较高级的旅馆，那么不妨试试"一休.com"网站，这个网站拥有自己独特的基准来评价筛选质量上乘的酒店。一旦定好心仪的目标酒店，那么请记得在酒店的官网HP或者其他的预订网站进行确认。有时网页上会有特别的优惠，或者在相同条件下还有更便宜的套餐。

有效利用东北的大门

前往仙台的交通方式

TRANSPORTATION

仙台是东北地区的交通枢纽，无论是乘坐新干线或是飞机，无论从哪里出发访问仙台都非常便捷。旅程的起点——JR仙台站在 2016年刚刚进行了一次大规模的翻修，因此作为旅游的枢纽，仙台的交通变得更加方便了。

主要的交通方式是新干线和飞机。从东北地区出发的话也可乘坐高速巴士。

前往仙台的交通方式

从东日本地区前往仙台，主流的交通方式是乘坐新干线。如果想节省经费，也可以选择从东北各县乘坐高速巴士。如果从西日本出发还是建议乘坐飞机。仙台机场距离市区仅有30分钟的路程，交通十分便利。

从北海道・东北地区出发

- 新千岁机场 → 仙台机场：ANA・JAL・ADO・IBX・APJ，约1小时10分钟／31900日元（※ADO3万700日元、IBX3万900日元、APJ4290日元～）
- 新青森站 → 仙台站：东北新干线隼号，约1小时40分钟／11210日元
- 秋田站 → 仙台站：秋田新干线小町号，约2小时20分钟／10370日元
- 盛冈站 → 仙台站：东北新干线隼号，约40分钟／6670日元
- 山形站 → 仙台站：从JR仙山线快速，约1小时10分钟／1140日元
- 福岛站 → 仙台站：东北新干线隼号，约25分钟／3680日元
- 青森站 → 仙台站前：十和田观光电铁・弘南巴士"蓝色城市"号，约4小时50分钟／3900日元起
- 秋田站 东口 → 仙台站前：秋田中央交通・宫城交通"仙秋号"，约3小时35分钟／4100日元
- 盛冈站 西口 → 仙台站前：岩手县交通・岩手县北巴士等"都市号"，约2小时30分钟／2980日元
- 山交大楼BT（山形） → 仙台站前：山交巴士・宫城交通（山形～仙台线），约1小时10分钟／930日元
- 福岛站 东口 → 仙台站前：福岛交通・宫城交通・从JR巴士东北（福岛～仙台线），约1小时20分钟／1100日元

※ 行程时间根据所乘列车有所差异
※ 飞机的费用为2018年9月时的价格，铁路则为平时指定席的价格
※ 航空公司ANA=全日空、JAL=日本航空、ADO=北海道国际航空、IBX=伊别克斯航空、APJ=乐桃航空

从关东地区出发

- 东京站 → 仙台站：东北新干线隼号，约1小时30分钟／11200日元
- 东京站 → 仙台站：东北新干线山彦号，约2小时／10890日元
- 东京站 八重洲口 → 仙台站前：东北急行巴士"新星号"及其他，约5小时20分钟／3500日元～
- 新宿公交站 → 仙台站前：JR巴士东北"仙台・新宿号"及其他，约5小时50分钟／3000日元～
- 成田机场 → 仙台机场：ANA，约1小时15分钟／20300日元

从中部・北陆地区出发

- 中部机场 → 仙台机场：ANA・IBX，约1小时15分钟／31900日元（※IBX25300日元）
- 小松机场 → 仙台机场：IBX，约1小时5分钟／23000日元

从关西・中国地区出发

- 伊丹机场 → 仙台机场：ANA・JAL・IBX，约1小时10分钟／34600日元（※IBX27600日元）
- 关西机场 → 仙台机场：APJ，约1小时20分钟／3990日元～
- 广岛机场 → 仙台机场：IBX，约1小时35分钟／42700日元

从九州・冲绳地区出发

- 福冈机场 → 仙台机场：ANA・JAL・IBX，约1小时45分钟／48800日元（※IBX47800日元）
- 那霸机场 → 仙台机场：ANA，约2小时40分钟／56800日元

从仙台机场出发

- 仙台机场站 → 仙台站：仙台机场连接线，约25分钟／650日元

咨询电话

ANA（全日空）☎0570-029-222　日本航空☎0570-025-071　北海道国际航空☎0120-057-333
伊别克斯航空☎0120-686-009　乐桃航空☎0570-200-489
JR东日本（咨询中心）☎050-2016-1600　十和田观光电铁☎017-787-1558　弘南巴士☎017-726-7575
秋田中央交通☎018-823-4890　岩手县交通☎019-654-2141　岩手县北巴士☎019-641-1212
山交巴士（咨询中心）☎023-632-7272　福岛交通（福岛支社）☎024-535-4102　宫城交通☎022-771-5310
东北急行巴士☎022-262-7031　JR巴士东北（仙台站东口巴士咨询中心）☎022-256-6646

东北地区最大的交通枢纽站，集美食、特产、观光信息咨询中心为一体

旅行枢纽——JR仙台站

JR仙台站是从地下1层至地上3层的4层建筑，站内集结了人气餐厅和特产店等各种商铺。2016年经过大规模的翻修，仙台站变得越来越方便，让我们首先熟悉一下仙台站的地图吧。

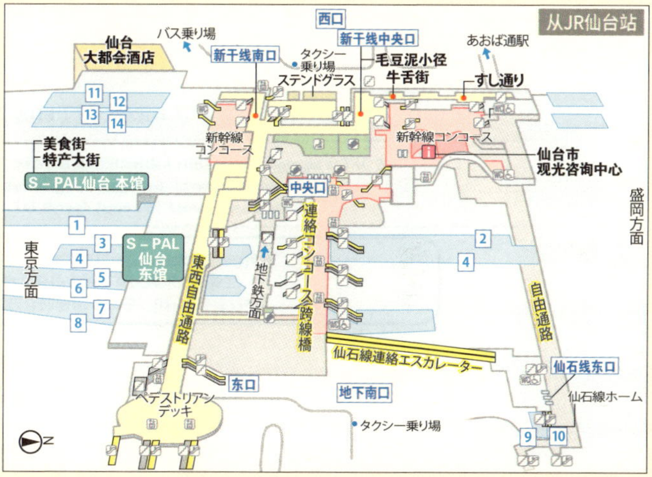

观光咨询中心

在这里确认旅行资讯

仙台市旅游信息中心

せんだいしかんこうじょうほうセンター　2F

位于View Plaza之内。游客可在这里咨询景点和活动信息，并拿到宣传册。

☎022-222-4069　营8:30～19:00　休全年无休

特产与车站便当

各种各样的仙台特产

S-PAL仙台 特产大街

エスパルせんだい おみやげどおり　B1

S-PAL仙台本馆地下1层与车站直接相连，2018年，这里刚刚经过了大规模的翻修。游客可在这里找到小竹叶鱼糕、牛舌和毛豆泥麻薯等各种仙台特产。

☎022-267-2111（S-PAL仙台）
营9:00～21:00　休不定期休息

牛舌　车站便当屋

ぎゅうたんえきべんや　2F

专营牛舌的车站便当店。店内售有由仙台市内的牛舌专营店所制作的车站便当。11:00～19:00店内有烤牛舌表演。

☎022-227-7310
（日本餐厅实业）
营9:00～21:00　休全年无休

车站便当屋　祭　仙台站店

えきべんや まつり せんだいえきてん　2F

店内售有全日本各地的特色便当，平时约有100种可供挑选。其中，最多的是使用产自三陆的海鲜和牛舌等食材制作的仙台·东北地方特产车站便当。

☎022-227-7310
（日本餐厅实业）
营7:00～21:30　休全年无休

餐厅与甜品

从老字号的饭店到时尚的咖啡厅　轻松品尝仙台味道

S-PAL美食街

エスパルせんだい レストランがい　B1F

位于S-PAL仙台本馆地下1层的美食街上聚集了28家日式、西式和中式的餐厅。此外，在东馆3层的美食区还有一家餐厅“森之晚餐”。

☎022-267-2111（S-PAL仙台）
营11:00～23:00（各商家有所不同）　休不定期休息

牛舌街

ぎゅうたんどおり　3F

4家仙台代表牛舌店齐聚一堂。假期的白天这里常常会排起长队。

☎各商家有所不同　开10:00～22:30（各商家有所不同）　休全年无休

寿司街

すしどおり　3F

这里有6家人气寿司店。顾客可以品尝到新鲜的海产和只有在仙台才能享用到的食材。

☎各商家有所不同　开10:00～22:30（各商家有所不同）　休全年无休

毛豆泥小径

ずんだこみち　3F

这里有3家店铺，分别是售有各种各样“毛豆泥”单品的咖啡厅和特产店。

☎各商家有所不同　开8:00～21:30（各商家有所不同）　休全年无休

玉泽总本店的毛豆泥果汁，1杯300日元